Mythologie Grecque

Un voyage époustouflant à travers les histoires intemporelles. Découvre la fascination qu'exercent les dieux, les héros et les mythes anciens qui ont façonné la civilisation

Xander Liosis

© Copyright 2023 par Xander Liosis - Inkwell House Press
Tous droits réservés.

Ce document est destiné à fournir des informations exactes et fiables sur le sujet et la question traités. La publication est vendue avec l'idée que l'éditeur n'est pas tenu de rendre des services comptables, officiellement autorisés, ou autrement, qualifiés. Si un conseil est nécessaire, qu'il soit juridique ou professionnel, il faut s'adresser à une personne exerçant la profession en question.

- Issue d'une déclaration de principes qui a été acceptée et approuvée à parts égales par un comité de l'American Bar Association et un comité d'éditeurs et d'associations.

Il n'est en aucun cas légal de reproduire, dupliquer ou transmettre toute partie de ce document, que ce soit par voie électronique ou sous forme imprimée. L'enregistrement de cette publication est strictement interdit et tout stockage de ce document n'est pas autorisé, sauf autorisation écrite de l'éditeur. Tous droits réservés.

Les informations fournies ici se veulent véridiques et cohérentes, en ce sens que toute responsabilité, en termes d'inattention ou autre, par l'utilisation ou l'abus des politiques, processus ou directives contenus dans le présent document, relève de la seule et entière responsabilité du lecteur destinataire. En aucun cas, l'éditeur ne pourra être tenu responsable de réparations, dommages ou pertes monétaires résultant directement ou indirectement de l'information contenue dans ce document.

Les auteurs respectifs possèdent tous les droits d'auteur qui ne sont pas détenus par l'éditeur.

Les informations contenues dans le présent document sont proposées uniquement à titre informatif et sont universelles en tant que telles. La présentation des informations est sans contrat ni garantie d'aucune sorte. Les marques déposées qui sont utilisées le sont sans aucun consentement, et la publication de la marque déposée se fait sans la permission ou le soutien du propriétaire de la marque déposée. Toutes les marques déposées et les marques de commerce mentionnées dans ce livre le sont uniquement à des fins de clarification et appartiennent à leurs propriétaires respectifs, qui ne sont pas affiliés à ce document.

BONUS EXTRA

Bonus: Les Secrets de l'Olympe

Mythes Grecs Cachés et Moins Connus

Va jusqu'à la fin du livre et encadre le code QR

Résumé

INTRODUCTION .... *- 6 -*
CHAPITRE 1 .... *- 8 -*
CHAPITRE 2 .... *- 12 -*
CHAPITRE 3 .... *- 21 -*
CHAPITRE 4 .... *- 47 -*
CHAPITRE 5 .... *- 67 -*
CHAPITRE 6 .... *- 92 -*
CHAPITRE 7 .... *- 99 -*
CONCLUSION .... *- 107 -*
Cher lecteur... .... *- 109 -*

INTRODUCTION

Bienvenue ! Alors que tu t'embarques pour ce voyage impressionnant dans les royaumes de la mythologie grecque, prépare-toi à être captivé par les récits de héros puissants, de dieux capricieux et de créatures fantastiques qui ont inspiré des générations de conteurs, d'artistes et de philosophes. Ce livre est un billet pour un monde enchanteur rempli d'aventures, d'amour, de tragédie et de magie - un monde qui a façonné les fondements mêmes de la culture humaine et qui continue de nous fasciner aujourd'hui.

En plus des mythes captivants eux-mêmes, nous nous plongerons dans le contexte historique de la Grèce antique, mettant en lumière la culture fascinante qui a donné naissance à ces histoires durables. Tu comprendras mieux le mode de pensée des Grecs et les normes sociétales qui ont façonné leur monde, ce qui te permettra d'apprécier pleinement les complexités et les nuances de ces récits intemporels.

En explorant l'impact de la mythologie grecque sur la société moderne, tu verras comment ses thèmes et ses motifs continuent de résonner dans l'art, la littérature et la philosophie contemporains. Les idées des Grecs anciens sur la nature humaine, l'amour, le pouvoir et l'ordre cosmique sont toujours d'actualité et nous donnent des leçons précieuses qui peuvent nous guider dans nos propres voyages à travers la vie.

En parcourant ces pages, tu te retrouveras face à Zeus, le tout-puissant dieu du ciel et du tonnerre, dont la puissante présence a résonné à travers les âges. Tu rencontreras Athéna, la déesse de la sagesse, dont la quête inébranlable de savoir et de justice a inspiré d'innombrables mortels dans leur quête de grandeur. Et tu seras témoin de la passion et de la fureur de Poséidon, le dieu de la mer, dont le puissant trident peut provoquer des tempêtes et faire trembler la terre.

Mais la mythologie grecque ne se limite pas aux dieux. Elle concerne aussi les héros intrépides qui ont osé défier le destin et se lancer dans des voyages éprouvants pour prouver leur valeur. Tu encourageras Hercule dans ses douze travaux apparemment impossibles, et tu suivras Thésée au cœur du Labyrinthe, alors qu'il affronte le redoutable Minotaure. En chemin, tu rencontreras d'autres figures légendaires comme Ulysse, Achille et Jason, dont les histoires ont été racontées un nombre incalculable de fois et sont devenues synonymes de courage, d'ingéniosité et de triomphe.

La mythologie grecque n'est pas seulement une collection d'histoires ; c'est une tapisserie vivante de l'expérience humaine. Chaque mythe témoigne de la créativité et de la perspicacité illimitées des Grecs de l'Antiquité, qui ont utilisé ces récits pour explorer la nature de la condition humaine, les complexités de l'amour et du pouvoir, et la lutte éternelle entre l'ordre et le chaos. En te plongeant dans ce monde envoûtant, tu comprendras comment ces mythes ont servi de source d'inspiration aux artistes, aux poètes et aux penseurs tout au long de l'histoire, et comment ils peuvent encore enrichir nos vies aujourd'hui.

En tournant ces pages, nous t'invitons à laisser ton imagination s'envoler, tout en découvrant les significations cachées et les vérités universelles qui se trouvent sous la surface de ces récits anciens. Tu es sur le point d'embarquer pour une odyssée inoubliable au cœur de la mythologie grecque - un royaume où les dieux marchent parmi les mortels, où les héros défient l'impossible et où des batailles épiques décident du sort du cosmos.

Bienvenue, cher lecteur, dans le monde de la mythologie grecque. Que ton voyage soit rempli d'émerveillement, de sagesse et surtout d'excellente lecture !

CHAPITRE 1
Les Grecs – D'où viennent-ils ?

Ah, les Grecs de l'Antiquité, une civilisation extraordinaire qui nous a laissé des histoires de bravoure, d'amour et de malice divine. Mais d'où viennent ces gens énigmatiques et comment leurs mythologies ont-elles vu le jour ? C'est une histoire aussi intrigante que les mythes eux-mêmes.

Tu vois, les Grecs ont eu une histoire très colorée, et leurs mythes vibrants ont été façonnés par de nombreuses influences venues de loin. Des envahisseurs venus de contrées lointaines, comme l'Asie Mineure, ont débarqué tel Hermès un jour de grand vent et ont laissé leur empreinte sur la culture grecque. De plus, les interactions des Grecs avec d'autres civilisations anciennes, telles que les Babyloniens et les Sumériens, ont enrichi leurs histoires comme une pincée d'origan méditerranéen.

Voici Homère, le barde légendaire qui était à la fois philosophe, poète et, soyons honnêtes, une rock star de son époque. La plupart de ses œuvres épiques, qui ont résisté à l'épreuve du temps, ont été rédigées entre 750 et 700 avant Jésus-Christ. C'est grâce à sa plume prolifique que nous disposons d'un trésor de mythes grecs à explorer et à apprécier.

Alors, voilà ! Des envahisseurs lointains au légendaire Homère, la mythologie grecque a été un creuset d'influences et d'idées, un peu comme une copieuse moussaka grecque. Et tout comme nous continuons à savourer ce délicieux plat aujourd'hui, les récits de la Grèce antique continuent de nous intéresser et de nous passionner, génération après génération.

Comprendre la mythologie grecque

La mythologie grecque est une merveilleuse collection de contes et de légendes que les Grecs de l'Antiquité ont tissés ensemble, créant un monde vivant rempli de dieux, de héros et des mystères de leur univers. Embarquons dans une quête épique pour percer le cœur et l'âme de ces histoires envoûtantes qui ont captivé des générations.

C'est un ensemble captivant d'histoires auxquelles les Grecs de l'Antiquité croyaient, révélant leurs idées sur les dieux, les héros, les origines de leur monde et les rituels qui définissaient leur vie. Si la création de dieux était un passe-temps assez populaire dans les civilisations anciennes, les Grecs ont poussé le bouchon un peu plus loin en façonnant des divinités qui ressemblaient à des humains et se comportaient comme eux. Tu parles de sosies divines !

Les dieux grecs avaient tout pour eux : beauté, pouvoir, sagesse et même humour. Avec leurs personnalités uniques, ils interagissaient avec les mortels dans diverses villes, dont beaucoup existent encore aujourd'hui. Du mont Ida en Crète, l'endroit où Zeus a grandi, à la ville de Thèbes, où le héros Hercule a construit sa maison. C'est dans cette même ville de Thèbes qu'Aphrodite serait apparue. Le lieu exact de cet événement peut encore être identifié aujourd'hui, près de l'île de Cythère. Ces lieux mythiques sont riches en histoire et en intrigues.

Les mythes grecs tournent souvent autour des actes extraordinaires d'êtres divins, qui aidaient les humains à surmonter les obstacles et à réaliser de grands exploits. Prenons, par exemple, le Cheval de Troie, cette ingénieuse création d'Ulysse qui permettait aux soldats grecs d'infiltrer le territoire ennemi de la façon la plus inattendue. Qui n'aime pas une bonne attaque furtive ?

Bien que les racines de la mythologie grecque remontent à 2000 ans avant Jésus-Christ, ce n'est qu'aux alentours de 700 ans avant Jésus-Christ que les choses ont vraiment commencé à se réchauffer. C'est alors qu'est apparue la triade poétique : l'Iliade et l'Odyssée d'Homère, ainsi que la Théogonie d'Hésiode. Ces œuvres classiques ont consolidé les mythes et les croyances des Grecs de l'Antiquité, en capturant l'essence de leur monde en vers.

Ces poèmes présentent une collection de mythes auxquels les Grecs de l'Antiquité croyaient et selon lesquels ils vivaient. Voici quelques-uns des mythes les plus connus. Alors, attrape ta toge, cher lecteur, et plongeons dans le monde mystique de la Grèce antique, où dieux et mortels se mêlent, et où l'impossible devient réalité !

Mont Olympe – La maison des dieux

Tu as peut-être entendu parler du mont Olympe, la demeure céleste des dieux grecs, mais savais-tu qu'il a été créé à la suite d'une bataille royale appelée la Titanomachie ? Les Olympiens, une nouvelle génération de dieux, ont affronté les Titans, leurs prédécesseurs, et ont revendiqué le Mont Olympe comme leur récompense suprême.

Les Grecs croyaient que les dieux vivaient au-dessus des nuages dans un palais sur le mont Olympe, jouissant d'une vue divine et organisant des fêtes légendaires. Cependant, ils n'étaient pas limités à rester sur place – ils étaient libres de parcourir le monde des mortels et de semer le trouble !

Croyances de l'adoration

Les Grecs de l'Antiquité pensaient que leurs dieux les surveillaient depuis les hauteurs et se mêlaient parfois de leur vie. Si un dieu était de mauvaise humeur, il pouvait provoquer une tempête pour ravager une ville ou donner à son mortel favori un avantage injuste lors d'une bataille. Pour apaiser leurs divinités, les Grecs construisaient des temples et offraient des sacrifices d'animaux.

Chaque ville de Grèce avait un dieu ou une déesse protecteur/protectrice qui protégeait ses habitants du mal. En cas de besoin, les habitants se rendaient en masse dans les temples pour prier et faire des offrandes, s'assurant ainsi que leur divinité protectrice restait de leur côté.

La vie après la mort

Les Grecs croyaient aussi à la vie après la mort, imaginant un royaume souterrain appelé « les Enfers ». Ils pensaient que les âmes des défunts devaient traverser le Styx pour atteindre leur destination finale. Pour ce faire, elles devaient payer Charon, un passeur grincheux qui ne voulait pas bouger sans une pièce de monnaie. Les Grecs plaçaient donc une pièce dans la bouche des défunts, s'assurant ainsi que leurs proches pouvaient payer la traversée.

Une fois dans le monde souterrain, les âmes étaient jugées par trois juges sévères. Les bonnes âmes jouissaient d'un bonheur éternel dans les Champs-Élyséens, tandis que les moins bonnes passaient leurs journées dans les prairies d'asphodèles (ce qui n'est pas si mal !). Mais pour les vrais méchants, un tourment éternel les attendait dans la redoutable fosse du Tartare.

Après ce tour d'horizon des Grecs et de leur mythologie, plongeons plus profondément dans leur monde fantastique. Tout comme la Bible chrétienne commence par La Genèse, la mythologie grecque a sa propre version de la naissance du monde. Alors, tournons la page et explorons les débuts cosmiques de leur univers !

CHAPITRE 2
Cosmogonie

La Création du monde

Au commencement, il n'y avait que le Chaos - un vrai désordre ! Les éléments qui allaient former l'univers étaient tous là, mais mélangés dans une masse indistincte et confuse. Cette ère de chaos primordial a duré un certain temps. Puis, du chaos émergea Gaïa, la Terre Mère, une déesse extrêmement fertile. Gaïa a donné vie à notre planète et a créé toutes les terres qui la recouvrent, telle une mère super attentionnée.

Elle a engendré de nombreuses divinités primordiales, comme Pontus, le Dieu de la mer, et les Ourea, les divinités des montagnes. Gaïa a également donné naissance au Dieu Uranus, un être suprême qui personnifierait le ciel et régnerait sur tout. Uranus épousa Gaïa et ils commencèrent leur vie commune parmi les nuages. Même Nyx, la Déesse de la nuit, émergea du Chaos. Elle passait son temps à errer dans le ciel, le recouvrant de son manteau noir, telle une sorte de DJ de la nuit.

Uranus et Gaïa se rencontraient tous les jours au crépuscule, et les fruits de leur union commencèrent rapidement à germer. Gaïa a donné naissance à des créatures terrifiantes, notamment les Hécatonchires, des monstres dotés de 100 bras et de nombreuses têtes, et les Cyclopes, des êtres puissants dotés d'un seul œil. Uranus et Gaïa ont également engendré une nouvelle génération de dieux, des êtres puissants qui allaient être connus sous le nom de Titans.

Cependant, Uranus n'était pas vraiment un père aimant. En voyant la puissante progéniture qu'il avait engendrée, il commença à craindre d'être détrôné. Il décida donc d'envoyer tous ses enfants au Tartare, un endroit sombre situé au plus profond de la terre - la pire punition imaginable. Les Titans, piégés dans le ventre de Gaïa, frappaient violemment les murs du Tartare pour tenter de s'échapper, causant à Gaïa une souffrance terrible.

Gaïa décida alors de conspirer contre son mari. Elle demanda à l'un de ses enfants d'éliminer Uranus. Tous les Titans refusèrent, à l'exception de Cronus, le plus ambitieux de tous, qui était convaincu de pouvoir accomplir la tâche. Gaïa lui donna une faucille en diamant, et Cronus se dirigea vers le ciel avec détermination.

Cronus trouva Uranus endormi sur un nuage, et, d'un coup de faucille, il castra son père. Le cri de douleur d'Uranus résonna dans tout l'univers, et le ciel se teinta de rouge, semblable au sang d'Uranus. Les testicules d'Uranus furent jetés dans l'océan et de nombreuses divinités émergèrent des eaux, grâce à son incroyable fertilité.

Cronus revint victorieux et libéra ses frères emprisonnés, devenant ainsi le héros de la révolte et le nouveau Seigneur Suprême de l'univers. Cependant, il n'a pas libéré les Hécatoncheires ni les Cyclopes, craignant qu'ils ne soient trop dangereux. Ils restèrent donc dans le Tartare. Après avoir célébré la victoire par un grand festin, Cronus reçut la visite du spectre de son père, qui lui révéla une terrible prophétie : de même qu'il avait détrôné son père, Cronus perdrait également le trône aux mains de son fils. Ainsi, le Karma reviendrait le mordre, et ce serait son terrible destin.

L'origine des dieux de l'Olympe

Cronus, le cruel maître de l'univers, régnait en maître après avoir détrôné son père Uranus et libéré les Titans. Ces êtres puissants, frères et sœurs de Cronus, le soutenaient dans sa domination sur le monde et il n'avait pas de rivaux. Cependant, Cronus était tourmenté par une malédiction invoquée par son père, qui stipulait qu'un de ses enfants le renverserait du pouvoir.

Cronus épousa la Titanesse Rhéa, une déesse aimée et respectée de tous. Lorsque Rhéa donna naissance à leur premier enfant, la peur de Cronus d'être détrôné l'amena à révéler son côté le plus sombre. Il dévora Hestia, l'aînée, et continua à consumer tous les nouveau-nés que Rhéa lui remettait, malgré les cris désespérés et les supplications de la mère.

Rhéa était déterminée à sauver au moins un de ses enfants de la cruauté de Cronus. Lorsqu'elle tomba à nouveau enceinte, elle mit au point un plan pour cacher le bébé à son mari. Rhéa se réfugia dans une grotte sur l'île de Crète, loin du regard de Cronos, et c'est là qu'elle donna naissance à un bel enfant doté d'un pouvoir incroyable. Rhéa sentit que les Parques avaient tissé un avenir glorieux pour son enfant et le nomma Zeus. Elle confia le nourrisson aux soins des nymphes et des Corybantes, qui étouffaient les cris du bébé avec le cliquetis de leurs boucliers. Pendant ce temps, Rhéa trompait Cronos en lui apportant une pierre enveloppée dans un tissu à la place du nouveau-né. Cronus avala la pierre sans hésiter, tandis que la Reine pleurait à genoux. Cette fois, ses larmes n'étaient pas de tristesse, mais d'émotion pour avoir sauvé la vie de son enfant.

Sur l'île de Crète, Zeus grandit à l'insu de Cronos, nourri par le lait de la chèvre Amalthée et devenant de plus en plus fort et puissant. À l'âge adulte, Zeus reçut la visite inattendue de Métis, une divinité sage, qui lui révéla le terrible sort de ses frères et sœurs emprisonnés dans l'estomac du Titan et lui donna une potion magique pour libérer ses frères.

Zeus, déguisé, se rendit au mont Othrys, la forteresse des Titans, et se présenta devant Cronos, lui offrant la potion comme un nectar divin. Cronos, se sentant invincible et ne croyant pas que quelqu'un oserait conspirer contre lui, accepta le cadeau et, ignorant la supercherie, but la totalité de la potion. Bientôt, il commença à se sentir nauséeux et fut contraint de vomir ses enfants, désormais adultes et désireux de se venger : Hestia, Héra, Déméter, Hadès et Poséidon. Cronos vomit également la pierre qu'il avait avalée par tromperie. Cette pierre, la Pierre d'Omphalos, joue encore aujourd'hui un rôle de vedette dans le sanctuaire de Delphes. Ainsi, avec ses frères et sœurs à ses côtés, Zeus mena une rébellion qui allait changer à jamais le destin de l'univers.

Titanomachie - La guerre entre les dieux et les titans

Après avoir libéré ses frères et sœurs de l'estomac du redoutable Titan Cronos, Zeus les conduisit au sommet du mont Olympe, la plus haute montagne de Grèce. Là, ils établirent le quartier général des dieux rebelles, prêts à lutter contre l'oppression des Titans.

Cette rébellion donna naissance à la Titanomachie, plus connue sous le nom de guerre des Titans. Depuis son trône sur le mont Othrys, Cronos rassembla ses fidèles Titans pour la grande bataille. Le général de l'armée de Cronos était le Titan Atlas, chargé de mener les attaques contre les dieux de l'Olympe.

Les plaines de Thessalie devinrent le champ de bataille entre les armées des dieux et les Titans. Au départ, les Titans semblaient avoir le dessus, grâce à leur immense force physique. Mais Zeus, rusé, libéra les Cyclopes, d'étranges créatures ne possédant qu'un seul œil. En remerciement, ils forgèrent des armes redoutables pour les dieux : Zeus reçut son célèbre et puissant éclair ; Poséidon, un majestueux trident capable de créer des tremblements de terre et des tsunamis ; et Hadès, le casque de terreur qui lui conférait le pouvoir d'invisibilité. Grâce à ces nouvelles armes, les dieux réussirent à tenir tête aux gigantesques Titans. La bataille entre les dieux et les Titans dura près de 10 ans, remplie de combats intenses et d'affrontements sanglants. Il semblait que le sort favorisait encore les Titans jusqu'à ce que Zeus eut une idée géniale : libérer du Tartare les redoutables Hécatoncheires, des géants dotés de 100 bras et de 50 têtes !

Ces créatures monstrueuses eurent un impact décisif sur la guerre. L'armée des Titans fut prise de panique face à ces êtres grotesques. Zeus rassembla alors toutes ses forces pour insuffler encore plus de puissance à son puissant éclair. D'un coup de foudre, Zeus frappa la tête de Cronos, faisant trembler l'Univers tout entier.

Les Titans furent vaincus et sévèrement punis. Cronos et ses alliés furent condamnés à une vie d'emprisonnement dans le Tartare, sous la garde des Hécatoncheires. Zeus réserva un châtiment spécial au Titan Atlas, chef des troupes de titans : il fut condamné à porter le poids de la sphère céleste sur ses épaules pour l'éternité.

Les dieux de l'Olympe règnent désormais en maîtres, sous le commandement de Zeus. Un nouvel ordre a commencé dans l'univers, tout cela grâce à un affrontement épique aux proportions cosmiques !

La création de l'humanité - Le châtiment de Prométhée

Au début des temps, la Terre était gouvernée par les Titans, de puissantes divinités enfants de dieux primordiaux. Parmi eux se trouvait Prométhée, un Titan aussi ancien que le temps lui-même, doué de capacités prophétiques. Ce Titan rusé avait réussi à prévoir la victoire des dieux de l'Olympe sur les Titans lors de la Titanomachie, la bataille épique pour le pouvoir suprême. Il échappa à l'emprisonnement dans le Tartare avec quelques autres Titans, ne s'opposant pas à Zeus pendant le conflit.

Une fois la guerre terminée et les dieux de l'Olympe aux commandes, Zeus confia à Prométhée et à son frère Epiméthée la tâche de créer et de peupler la Terre d'animaux de toutes sortes. Disposant de nombreuses matières premières, Epiméthée façonna chaque type de créature, tandis que Prométhée coordonnait le processus. Chaque animal se vit attribuer un talent spécifique : les oiseaux reçurent la capacité de voler, les éléphants une force immense, et les talents furent répartis équitablement. L'homme fut créé en dernier, mais tous les talents avaient déjà été attribués aux autres animaux.

Prométhée présenta son œuvre à la déesse Athéna, qui, émerveillée par la création du Titan, décida de la bénir d'un souffle divin. Ainsi naquit l'humanité ! Mais Prométhée n'était pas entièrement satisfait : l'homme vivait dans des grottes, évitant les autres animaux, se nourrissant de fruits tombés au sol et craignant l'obscurité.

Athéna proposa à Prométhée de donner le feu à l'homme. Au coucher du soleil, le Titan se dirigea vers le char d'Hélios, en attente d'une nouvelle aube. Prométhée alluma une torche qui serait donnée à l'humanité. Avec le feu, l'homme commença à progresser rapidement : création d'armes, d'outils, et domination de la nature.

Prométhée, en tant que Créateur bienveillant de l'humanité, était enfin heureux. En voyant cette nouvelle créature s'épanouir, Zeus décréta que l'humanité honorerait les dieux par des sacrifices. Mais Prométhée intercéda en faveur de l'humanité, empêchant que sa création soit exploitée.

Prométhée était très rusé et a tenté de tromper Zeus au nom des hommes. Il organisa le sacrifice d'un taureau aux dieux, avec le produit du sacrifice divisé en deux tas : un plus petit, mais contenant la meilleure viande recouverte par la peau de l'animal, et un autre plus grand, composé uniquement d'os et d'entrailles, mais enveloppé de graisse pour le rendre attrayant. Le rusé Prométhée savait que l'ambition de Zeus l'amènerait à choisir le plus gros tas, tandis que l'homme obtiendrait la meilleure part, et il avait raison.

Se rendant compte qu'il avait été trompé, Zeus devint furieux contre ceux qui l'avaient piégé et décida de retirer le feu à l'humanité. Sans le feu, l'humanité commença à régresser, tourmentée par l'obscurité et le froid, incapable de cuire ses aliments. Indigné, Prométhée décida de voler le feu sacré et de le rendre à l'homme. Pendant la nuit, il se rendit sur le mont Olympe et revint avec la flamme volée dans les forges d'Héphaïstos.

Avec le rétablissement du feu, l'humanité recommença à prospérer, mais les flammes rougeoyantes attirèrent l'attention de Zeus. Furieux, le Dieu Suprême décida que Prométhée ne pouvait rester impuni pour son insolence. Il emprisonna Prométhée sur un rocher du Caucase pour qu'il subisse une punition éternelle pour avoir défié les décisions de Zeus.

Mais la punition de Prométhée n'était pas simplement l'emprisonnement à vie ; son tourment serait terrible : Zeus décida qu'un oiseau monstrueux serait chargé de dévorer son foie, lui causant ainsi une douleur incommensurable. Prométhée, étant un Titan immortel, voyait son foie se régénérer après chaque attaque de la créature, pour être à nouveau dévoré le lendemain.

Le Titan endura ce châtiment pendant de nombreuses années douloureuses. Puis Zeus descendit sur Terre et lui offrit la liberté s'il cachait la connaissance du feu à l'humanité. En tant que bienfaiteur de l'humanité, Prométhée refusa l'offre de Zeus et choisit de se sacrifier pour sa création. Grâce à cela, l'humanité a pu prospérer et continuer à se développer grâce au sacrifice de Prométhée. Ainsi, la postérité se souvient de lui comme d'un héros, qui a défié les dieux pour le bien de l'humanité, en nous offrant le don du feu et, avec lui, la possibilité d'atteindre des sommets jamais imaginés auparavant.

La Boîte de Pandore

Au début des temps, les frères titans Prométhée et Épiméthée furent chargés de créer l'humanité. Pour aider sa création à prospérer, Prométhée décida de voler le feu sacré des dieux et de le donner à l'humanité. Conscient qu'il ne resterait pas impuni pour un acte aussi audacieux, Prométhée prévint Épiméthée : « Cher frère, mon malheur ne suffira peut-être pas à apaiser la colère de Zeus. Souviens-toi, n'accepte jamais aucun cadeau des dieux. Ainsi, tu protégeras notre création. »

Épiméthée remercia Prométhée pour ses conseils et promit de ne plus accepter de cadeaux des dieux. Cependant, comme l'avait prédit Prométhée, Zeus conçut un plan pour se venger d'Épiméthée et de l'humanité. Il ordonna à Héphaïstos de créer la première femme, la belle Pandore. Les dieux lui offrirent de nombreux dons, dont la beauté d'Aphrodite, le talent de la parole d'Hermès, et les Charites l'ornèrent de vêtements et de bijoux.

Zeus envoya Hermès offrir Pandore en cadeau à Épiméthée, mais non sans lui avoir remis une boîte mystérieuse, accompagnée d'un avertissement : « Apporte ce cadeau à l'humanité, mais ne l'ouvre jamais pour quelque raison que ce soit. » Épiméthée, captivé par la beauté époustouflante de Pandore, oublia le conseil de son frère et accepta le cadeau.

Une fois chez Épiméthée, Pandore, poussée par la curiosité, ouvrit la boîte. Une force puissante repoussa Pandore et une brume sombre s'échappa de la boîte, libérant tous les maux que Prométhée avait évité de créer chez les humains. Jusqu'à ce moment, l'humanité avait vécu dans l'âge d'or, sans souffrance ni conflit, dans un monde de pur bonheur. Mais à cause de l'acte impulsif de Pandore, l'envie, la cruauté, la cupidité, la maladie et la faim se répandirent parmi les humains.

Pandore tenta désespérément de refermer la boîte, mais il était trop tard. Tous les maux s'étaient déjà échappés. Cependant, au fond de la boîte, il restait encore de l'espoir. Malgré l'adversité, l'espoir continua à donner à l'humanité la force d'affronter les obstacles et les difficultés de la vie. Ainsi, Zeus, ce vieux filou, réussit à prolonger le châtiment infligé à l'humanité, car, comme nous le savons tous, l'espoir est la dernière chose à mourir.

Gigantomachie

Gaïa, la mère Terre, nourrissait encore un fort ressentiment à l'égard des dieux de l'Olympe. Ils avaient emprisonné ses enfants, les Titans, dans les sombres profondeurs du Tartare. Pour se venger, Gaïa féconda le sang versé par Uranus lors de sa décapitation, donnant ainsi naissance à une lignée de géants forts et puissants.

Ces 24 colosses n'avaient qu'un seul but : détrôner les dieux du Mont Olympe. Les dieux, cependant, n'étaient pas prêts à se laisser vaincre et unirent leurs forces pour affronter leurs redoutables ennemis dans un combat visant à défendre le nouvel ordre cosmique et à empêcher un retour au chaos.

C'est ainsi que commence la Gigantomachie, une lutte épique entre les dieux et les géants. Mais, oh là là, les dieux semblent en difficulté ! Même leurs coups les plus puissants ne parvenaient pas à vaincre les Géants. C'est alors qu'Héra, la reine des dieux, révéla avec grand déplaisir une prophétie : les dieux ne pourraient gagner qu'avec l'aide d'un puissant mortel vêtu d'une peau de lion. Un seul homme sur Terre correspondait à cette description : il s'appelait Hercule. Zeus chargea alors Athéna de trouver Hercule et de le faire rejoindre le combat des dieux. Pendant ce temps, les Géants, enracinés dans la terre où ils étaient nés, près de la Thrace, commencèrent à rassembler d'énormes pierres pour tenter d'atteindre la demeure céleste des dieux.

Ils avaient l'intention de protéger leur bâtiment, le cœur battant de leurs espoirs, lorsqu'un rugissement terrifiant les figea sur place. Ils n'eurent pas le temps de réfléchir, ni le courage d'enquêter : ils s'enfuirent à toute vitesse, sans jamais se retourner. Mais ce qu'ils ne savaient pas, c'est que ce terrible rugissement n'était que le braiment de l'âne de Silène, le fidèle compagnon qui menait son élève Dionysos au combat. Silène, ivre comme toujours, n'avait pas peur. Avec l'assurance d'un héros et l'attitude sournoise d'un ivrogne, il poursuivit les géants, monté sur son âne, qui avançait avec la majesté d'un fier destrier. La réalisation de la tromperie frappa les Géants comme un coup de poing dans l'estomac, mais il était déjà trop tard. Ils se regroupèrent et revinrent à la charge avec une fureur renouvelée, mais Silène avait déjà gagné le temps nécessaire. Et voilà qu'arriva Hercule, son arc tendu à l'extrême, il tira une de ses flèches avec une puissance inimaginable, touchant un géant de plein fouet. Mais il y avait un problème : lorsque le géant tomba, le sol sembla le réveiller, lui donnant une nouvelle vie. Les dieux comprirent qu'il fallait emmener les Géants loin de leur terre natale pour les vaincre. Hercule, avec sa force légendaire, accomplissait l'exploit. Il saisit un géant et le traîna en territoire inconnu, là où la Terre ne pouvait plus lui rendre la vie. Là, avec sa massue de confiance, il le terrassa finalement. Le redoutable géant Porphyrion osa défier la vénérable Déesse Héra, mais il fut frappé de plein fouet par un dard d'amour d'Éros. Même sous l'effet de cette blessure, son agressivité ne se calma pas, au contraire, elle se transforma en un désir lubrique. Zeus observa cette attaque incessante avec une jalousie croissante, jusqu'à ce qu'il décida d'intervenir. Il libéra l'une de ses plus formidables foudres, frappant le géant d'une énergie divine. Pendant ce temps, Arès, le formidable dieu de la guerre, se bat courageusement contre La horde de géants. Cependant, bien qu'il fût un guerrier émérite, il se retrouva à genoux, submergé par les forces supérieures de l'ennemi. C'est à ce moment critique qu'Apollon et Hercule vinrent à son secours. Avec leurs flèches acérées, aiguisées comme une faux, ils parvinrent à abattre un autre des géants. Peu à peu, les dieux affrontèrent et affaiblirent l'insurrection des géants, ouvrant la voie à Hercule qui, avec sa force légendaire, portait le coup de grâce. L'un après l'autre, les Géants s'écroulèrent, vaincus. Dionysos écrasa les géants avec son thyrse, tandis qu'Hécate les incinéra avec ses torches enflammées. Athéna, d'un geste habile, lança un énorme rocher sur le géant Encelade, qui tenta de s'enfuir à travers la mer. Ce gigantesque rocher devint l'île de Sicile, située dans la péninsule italienne.

Même Hadès, le seigneur des Enfers, participa à la bataille en brandissant sa fourche et en prêtant à Hermès son casque d'invisibilité. Hermès, rendu invisible par le casque magique, courut parmi les géants, assénant des coups mortels avec son caducée. Finalement, Zeus triompha, conduisant son char sur les corps des géants tombés au combat, ayant à ses côtés Niké, la déesse de la victoire. Le valeureux Hercule fut récompensé par de grands honneurs et des hommages. Sans lui, les géants auraient certainement plongé l'univers dans le chaos. Ainsi, grâce à l'audace et au courage des dieux et des héros, l'ordre fut maintenu et la Gigantomachie entra dans l'histoire comme l'une des plus grandes batailles jamais livrées.

Le Déluge Universel

Il était une fois des hommes créés par Prométhée et son frère, qui vivaient heureux dans le monde. C'était l'âge d'or de l'humanité, quand le bonheur coulait comme des rivières et que tout allait comme sur des roulettes. Mais, malheureusement, cette belle époque est révolue depuis longtemps. Les hommes, dotés de talents qui les distinguaient des autres animaux, finirent par défier le pouvoir de la nature, se transformant en créatures corrompues et malfaisantes. La cupidité prit le dessus, et la paix semblait avoir disparu à jamais de la surface de la Terre. Zeus, le Roi des dieux, était furieux ! Il décida de prendre des mesures draconiennes et convoqua Poséidon, le dieu de la mer, sur le Mont Olympe. D'un air sévère et indigné, Zeus ordonna à son frère d'inonder la planète pour exterminer tous les Hommes. Poséidon, ne voulant pas contredire son frère, plongea son trident dans le sol, provoquant d'énormes fissures d'où jaillirent de puissants jets d'eau.

Le monde fut submergé en un clin d'œil. Des millions d'hommes perdirent la vie dans les vagues déchaînées de Poséidon. Des navires furent renversés et détruits par la fureur de l'Océan. Les dieux de l'Olympe, stupéfaits, observèrent les ravages causés par la colère de Zeus. Inquiets, ils se demandèrent ce que serait le monde sans les hommes. Après tout, qui vénérerait les dieux, si ce n'était eux ?

Grâce à la sagesse d'Athéna, Zeus transforma la fin de la race humaine en un nouveau départ. Il épargna Deucalion, fils de Prométhée, et Pyrrha, fille d'Épiméthée et de Pandore. Ils étaient les meilleurs parmi les humains, respectueux et craintifs des dieux, et réussirent à survivre au déluge sur un petit bateau. Lorsque les eaux se retirèrent, le monde était méconnaissable, dévasté et désolé. Deucalion et Pyrrha fouillèrent les ruines de nombreuses villes mais ne trouvèrent aucune trace de vie humaine. Ils décidèrent de se rendre au Temple de la déesse Thémis, la déesse de la justice, dans l'espoir de recevoir une réponse sur la façon de repeupler le monde. Le couple pria intensément, et la statue du temple répondit de façon énigmatique : « Pour repeupler la Terre, jetez les os de ta grand-mère sur tes épaules. De cette façon, l'humanité vivra à nouveau. » Pyrrha était perplexe : pourquoi une Déesse demanderait-elle un geste aussi déshonorant envers la tombe de sa grand-mère ?

Deucalion, lui, comprit le message caché. Il consola sa femme et lui expliqua que la statue faisait référence à la grand-mère de tous les êtres, Gaïa, la déesse de la Terre. Ces « os » étaient en fait les pierres qui composaient la surface de la terre. Le couple se mit donc au travail et commença à ramasser des pierres, en les plaçant sur leurs épaules. Chaque fois qu'une pierre tombait sur le sol, une silhouette d'homme émergeait, qui se transformait ensuite en une véritable personne. Les pierres lancées par Deucalion donnaient vie aux hommes, tandis que celles lancées par Pyrrha généraient des femmes.

En parcourant le monde, Deucalion et Pyrrha semèrent de nouveaux hommes et de nouvelles femmes, repeuplant ainsi la Terre. Et tandis que le monde revenait lentement à la vie, les dieux de l'Olympe souriaient, rassurés de voir que leur grande expérience - l'humanité - avait bénéficié d'une seconde chance. Ainsi, grâce à la sagesse des dieux et à la foi de Deucalion et Pyrrha, la Terre fut repeuplée, et le Déluge Universel entra dans l'histoire comme un avertissement pour l'humanité : un rappel de l'importance de respecter et de vénérer les dieux, et du danger que représentent la cupidité et la corruption lorsqu'elles prennent le dessus. Et, bien sûr, chaque fois qu'il pleuvait un peu plus que d'habitude, les gens regardaient autour d'eux avec un sourire nerveux, espérant que Zeus n'avait pas décidé de répéter l'expérience !

CHAPITRE 3
L'Olympe et les Dieux Grecs

Les Dieux

Zeus

Zeus, le plus célèbre et le plus grand des dieux olympiens. En tant que Roi des dieux, il régnait sur le ciel tel un maestro céleste, commandant la météo d'un simple geste du poignet. Lorsque Zeus était d'humeur massacrante, il fallait se méfier ! Il lançait des éclairs et déclenchait des tempêtes violentes depuis son appartement-terrasse sur le Mont Olympe. Mais Zeus n'était pas seulement un dieu météorologique tonitruant et colérique ; sa personnalité était aussi vaste que le ciel qu'il gouvernait.

Cette puissante divinité était reconnue pour son leadership et sa sagesse. En tant que Roi, il jouait le rôle d'arbitre auprès des autres dieux, veillant à ce qu'ils ne fassent pas trop de ravages parmi les mortels. Il était le juge ultime, réglant les différends entre les dieux et les humains grâce à son sens inné de la justice. Zeus était aussi un peu un super-héros, défendant ceux qui cherchaient son aide, en particulier contre l'injustice et la tyrannie.

Parlons maintenant du côté espiègle de Zeus, qui le mettait souvent dans des situations torrides. C'était un dragueur notoire, qui n'hésitait pas à poursuivre les mortelles comme les déesses. Cet œil vagabond a donné lieu à toute une série d'escapades sauvages, qui ont donné naissance à d'innombrables enfants - dieux, demi-dieux, et j'en passe. Parmi ses enfants les plus célèbres, on compte Hercule, Persée et Hélène de Troie. Tu parles d'un arbre généalogique !

Malgré ses activités extrascolaires, Zeus était un mari dévoué à sa sœur-épouse, Héra, la Reine des dieux. Leur relation ressemblait à un feuilleton grec rempli de jalousie, de vengeance et de passion. Mais à la fin, l'amour l'emportait toujours et ils se retrouvaient l'un l'autre.

L'insatiable curiosité de Zeus et son goût pour les déguisements lui ont permis de vivre des aventures palpitantes. Il prenait souvent différentes formes, telles que des animaux ou même des humains, pour se mêler aux mortels. Ces escapades ont non seulement nourri sa curiosité, mais l'ont aussi aidé à mieux

comprendre l'expérience humaine. Tu parles d'une infiltration !
En un mot, Zeus était un personnage complexe qui incarnait le pouvoir, la sagesse et un soupçon d'espièglerie. En tant que chef des dieux, il était à la fois protecteur et coureur de jupons, et occupait toujours le devant de la scène dans le monde enchanteur de la mythologie grecque.

Apollon

Apollon, l'éblouissant finaliste du concours du "Dieu grec le plus important", était chargé du spectacle de lumière céleste en tant que dieu du soleil. Il fournissait non seulement de la chaleur pendant la journée, mais assurait également les conditions parfaites pour semer les récoltes. Cependant, Apollon était plus qu'un simple dieu du soleil ordinaire ; il était aussi l'incarnation de la beauté, de la masculinité et d'un éventail impressionnant de talents qui lui permettaient de se démarquer de son équipe divine.

Apollon était une véritable énigme, mélangeant des éléments grecs et non grecs dans sa personne divine. Partisan de la modération, il semblait incarner un équilibre harmonieux entre deux saveurs distinctes. Cette combinaison unique faisait de lui un personnage intéressant dans le menu de la mythologie Grecque. Une partie d'Apollon pourrait remonter aux dieux du Soleil du Proche-Orient, qui étaient généralement apaisés par des sacrifices à volonté. Dans certaines régions, ce dieu du Soleil aurait même pu surpasser Zeus ou son équivalent local. Il est important de se rappeler que la mythologie grecque est comme un buffet divin, avec un melting pot de divers systèmes de croyance locaux. Apollon symbolisait la fusion de différents dieux, créant ainsi une divinité qui était un dieu du soleil avec un petit quelque chose en plus.

Bien qu'Apollon ait pu avoir quelque chose de non grec, son esthétique et ses qualités étaient profondément grecques. La société grecque, très patriarcale, un peu comme Rome, mettait l'accent sur la beauté masculine et le pouvoir, qui sont les deux faces d'une même pièce, semblant être un prolongement naturel de cet androcentrisme.

Les caractéristiques d'Apollon ne s'arrêtaient pas à son apparence ensoleillée et à son travail radieux. Il était aussi le dieu de la musique, des arts et de la poésie, souvent représenté avec une lyre à la main. En tant que protecteur des arts, il inspirait la créativité et l'expression artistique des dieux et des mortels, telle une muse divine.

De plus, Apollon était un archer émérite et détenait le titre de dieu de la guérison et de la médecine. Il avait le pouvoir de provoquer et de guérir les maladies, ce qui faisait de lui une divinité capable de donner la vie d'une main et de la reprendre de l'autre. Sa sœur jumelle, Artémis, partageait son expertise en matière de tir à l'arc, et les deux étaient connus comme une formidable équipe de choc.

Enfin, Apollon est le dieu de la prophétie et de la vérité, ayant créé le célèbre oracle de Delphes. Sa clairvoyance divine lui permettait de guider les mortels et les dieux, offrant sagesse et conseils à ceux qui les recherchaient, telle une diseuse de bonne aventure céleste.

Apollon était un dieu aux multiples facettes qui incarnait un mélange harmonieux d'éléments divers. En tant que dieu du Soleil, de la musique, des arts, de la guérison et de la prophétie, il occupait une place prépondérante dans la mythologie grecque. Les caractéristiques uniques d'Apollon en ont fait un personnage captivant et influent, alliant puissance et beauté dans le monde antique, telle une divine salade grecque.

Hermès

Hermès, le messager rapide des dieux grecs, était un touche-à-tout et une merveille multitâche. Avec ses pieds rapides, il naviguait entre les royaumes des hommes mortels et des dieux sans âge plus vite que vous ne pouvez dire « herméneutique ». Il est rapidement devenu la divinité de prédilection des voyageurs et des commerçants, qui appréciaient sa rapidité et son ingéniosité.

Mais Hermès n'était pas seulement connu pour ses livraisons rapides ; il était aussi un peu coquin. En tant que dieu des voleurs, son penchant pour la tromperie et sa langue d'argent en faisaient un choix populaire pour ceux qui avaient parfois besoin de déformer la vérité ou d'"emprunter" quelque chose sans le demander.

Hermès n'hésitait pas à franchir les frontières, que ce soit entre les royaumes humain et divin ou entre le monde des vivants et celui des morts. Il jouait un rôle crucial en escortant les âmes des défunts jusqu'au monde souterrain, où il les remettait à Charon pour un passage sûr et rapide. En tant que dieu de la route et du sport, Hermès avait des fans allant des gens ordinaires aux athlètes d'élite dans la Grèce antique.

De nature polyvalente et doté de divers talents, Hermès a été la vedette d'un nombre incalculable d'aventures et d'histoires. L'une de ses escapades les plus célèbres consistait à aider Zeus à éliminer Argus, ce qui permit à Zeus de poursuivre sa relation plutôt scandaleuse avec Io. Dans une autre histoire, Zeus demanda à Hermès de créer une roue éternelle de feu en rotation pour Ixion. Hermès était le genre de Dieu qui faisait avancer les choses, même s'il devait se salir un peu les mains.

Au cours de la Guerre de Troie et de l'épopée d'Ulysse, Hermès a joué un rôle essentiel. Alors qu'il soutenait les Grecs dans leur bataille contre les Troyens, sa nature imprévisible lui permit de protéger le roi troyen Priam lorsqu'il s'est faufilé dans le camp grec pour récupérer son fils tué, Hector. Les talents d'illusionniste d'Hermès ont été transmis au héros rusé Ulysse, l'arrière-petit-fils d'Hermès. Les Grecs ont prié Hermès pendant qu'ils élaboraient leur célèbre plan pour le cheval de Troie, et grâce à son aide divine, ils réussirent l'ultime coup d'éclat sur les Troyens.

Hermès était un dieu aux multiples talents et caractéristiques. En tant que messager des dieux, protecteur des voyageurs, dieu des voleurs et guide des Enfers, il occupait une place prépondérante dans la mythologie grecque. Ses pieds rapides et sa nature rusée ont fait de lui un allié précieux et un personnage captivant dans le monde palpitant de la Grèce antique - et, franchement, quelqu'un que vous voudriez avoir dans votre équipe pendant une soirée de jeu-questionnaire.

Hadès

Hadès, le dieu des Enfers, n'était pas vraiment le roi de la fête dans la Grèce antique. En tant que l'un des trois frères olympiens les plus puissants - avec Zeus et Poséidon - Hadès régnait sur le monde souterrain avec un flair unique qui le plaçait dans une ligue à part.

Alors que Zeus monopolisait les feux de la rampe avec ses foudres et son ciel majestueux, et que Poséidon faisait des vagues en contrôlant la mer, Hadès s'est forgé son propre chemin en tant que chef du monde souterrain. Bien sûr, ce n'était pas aussi tape-à-l'œil que les concerts de ses frères, mais Hadès a apporté sa propre marque de fraîcheur à la table.

Né en tant que premier Olympien, Hadès eut la malchance d'être avalé par son père, Cronos. Heureusement, lorsque Zeus força ce cher vieux Papa à cracher ses frères et sœurs, Hadès en sortit le dernier, devenant ainsi le plus jeune de la bande !

Au cours de l'affrontement épique entre les dieux de l'Olympe et les Titans, Hadès prouva qu'il fallait compter avec lui, en aidant Zeus à s'emparer du trône. Et bien que certains récits anciens suggèrent qu'Hadès était d'abord déçu de sa mission dans le monde souterrain, il s'adapta rapidement à son nouveau rôle, régnant d'une main de fer et gardant les chers disparus sur leurs gardes, quel que soit leur statut de VIP.

Mais ne vous laissez pas tromper par l'apparence dure d'Hadès - il y avait plus en lui que son comportement sévère et son autorité inflexible. Il avait un sens aigu de la justice et veillait à ce que les âmes du monde souterrain soient traitées équitablement en fonction de leurs choix de vie. C'est ce qui faisait de lui une figure respectée des mortels et des dieux.

En ce qui concerne les affaires de cœur, Hadès était fou amoureux de sa femme, Perséphone, la déesse du printemps et de la fertilité. Leur histoire d'amour connut son lot de drames (enlèvement, quelqu'un ?), mais montra finalement un côté plus doux du roi de la pègre.

Et n'oublions pas qu'Hadès était aussi le parrain de la richesse. Le monde souterrain étant la source des métaux précieux et des pierres précieuses, on l'appelait parfois « Pluton » ou « le riche ». Tu parles d'un personnage aux trésors cachés !

Hadès était un dieu aux multiples facettes qui apportait sa propre marque de fraîcheur au monde souterrain. En tant que maître de la vie et de la mort, de la justice, de la loyauté et de la richesse, il est une figure captivante et essentielle dans le monde de la mythologie grecque. Alors la prochaine fois que tu penseras à Hadès, souviens-toi : il n'était pas seulement le dieu des enfers - il en était aussi la vie et l'âme !

Poséidon

Plongeons dans le monde de Poséidon, le puissant dieu grec de la mer, qui occupait une place particulière dans le cœur des Grecs navigateurs. En tant que protecteur des créatures marines et de ceux qui voyagent par la mer, Poséidon était une véritable star parmi les pêcheurs et les marins. Compte tenu de l'amour des Grecs pour l'Océan, il n'est pas étonnant que Poséidon ait été perçu comme une divinité puissante et essentielle.

Or, en tant que roi de la mer, Poséidon avait quelques

tours dans son sac - ou devrions-nous dire, cachés sous ses vagues ? Son arme de prédilection était le trident, un redoutable bâton à trois branches qu'il maniait avec beaucoup de puissance. Tu pourrais dire qu'il avait un ou trois points à faire valoir. Dans l'art et la sculpture, Poséidon se posait souvent avec ce symbole emblématique, affirmant son autorité aquatique.

N'oublions pas la fabuleuse déclaration de mode de Poséidon : une couronne distinctive ornée d'éléments liés à la mer comme des coquillages et des conques. Cet accessoire majestueux rappelait que lorsqu'il s'agissait de l'océan et de ses créatures, Poséidon était le gros poisson qui commandait.

En parlant de créatures, Poséidon avait tout un entourage. Il régnait sur un éventail enchanteur d'êtres aquatiques, dont les nymphes et les Néréides. Ces créatures humanoïdes de la mer et de l'eau étaient la vie de la fête sous-marine, et leur présence dans la mythologie grecque illustre la fascination de la culture pour les personnifications des étendues d'eau. Cette focalisation sur la mer était une caractéristique grecque unique, qui faisait de Poséidon la figure de proue du Panthéon.

En tant que Dieu, Poséidon avait un tempérament qui pouvait rivaliser avec la tempête la plus féroce. D'humeur changeante, il pouvait provoquer de violentes tempêtes, des tremblements de terre et d'autres calamités lorsqu'il était en colère. Mais ne crains rien ! Lorsque Poséidon était de bonne humeur, il accordait un passage sûr aux marins et des prises abondantes aux pêcheurs. Cela prouve que c'était toujours une bonne idée de rester dans les bonnes grâces d'un Dieu de la mer.

Outre son rôle de Dieu de la mer, Poséidon avait un talent caché : il murmurait à l'oreille des chevaux. En tant que "faiseur de terre", il dominait les chevaux et aurait créé le premier d'entre eux. Naturellement, il a été associé à l'équitation et aux activités équestres.

La base de fans de Poséidon s'étendait très loin, avec des adorateurs dans des villes grecques comme Marathon, près d'Athènes, et Paestum, dans le sud de l'Italie. Son influence ne connaissait pas de limites, ce qui prouve son importance dans la mythologie grecque.

Poséidon était un dieu aux multiples facettes qui incarnait la puissance et l'imprévisibilité de la mer. Avec son fidèle trident et sa couronne de coquillages, il régnait sur un royaume fascinant de créatures marines et de merveilles aquatiques. En tant que protecteur des marins, des pêcheurs et des chevaux, Poséidon a fait des vagues en tant que figure vitale et captivante dans le monde de la mythologie grecque.

Arès

Arès, le dieu grec de la guerre, peut sembler être le héros méconnu de la mythologie, jouant souvent les seconds rôles par rapport aux autres dieux en temps de guerre. Mais ne te laisse pas abuser ! Cet outsider avait plus d'une corde à son arc qu'il n'en avait l'air. Avouons-le, tout le monde aime un bon personnage secondaire.

En tant que Dieu de la guerre, Arès était connu pour son tempérament colérique et son amour de la violence. Son intrépidité et sa soif de sang insatiable faisaient de lui une force avec laquelle il fallait compter sur le champ de bataille, donnant des frissons aux mortels comme aux dieux. Bien sûr, il n'était peut-être pas le choix idéal pour une intervention divine, mais tu dois admettre qu'il avait du style.

En matière de drames familiaux, Arès pourrait donner du fil à retordre à n'importe quelle émission de télé-réalité. Son histoire d'amour torride avec Aphrodite, la déesse de l'amour et de la beauté, a fait couler beaucoup d'encre sur le Mont Olympe. Les deux partageaient une relation passionnée, voire tumultueuse, qui rendait le mari d'Aphrodite, Héphaïstos, fou de jalousie. Ce triangle amoureux divin était plus qu'un simple potin juteux ; il mettait en lumière l'aspect très humain de l'infidélité. Arès savait certainement comment remuer le couteau dans la plaie, à la fois sur le champ de bataille et en dehors.

Bien qu'Arès n'ait pas été l'enfant le plus populaire du quartier, il eut des partisans fidèles dans quelques villes de la Grèce antique, comme Sparte, où son esprit guerrier était très apprécié. Et n'oublions pas son alter ego romain, Mars, qui jouissait d'un statut beaucoup plus prestigieux et qui a même engendré les légendaires fondateurs de Rome, Romulus et Remus.

Arès n'était pas seulement synonyme de guerre et de scandale ; il représentait aussi le courage, la force et l'énergie brute de la jeunesse. Souvent représenté comme un jeune homme costaud, il est l'incarnation de la vigueur et de la vitalité. Ses symboles, tels que la lance, le bouclier et le casque, soulignent encore davantage sa personnalité de guerrier.

Dans le grand schéma de la mythologie grecque, Arès aurait pu être éclipsé par d'autres dieux et déesses, mais ses caractéristiques uniques l'ont fait sortir du lot. En tant que dieu de la guerre, il personnifiait l'intrépidité, la soif de sang et l'énergie sauvage. Son histoire d'amour torride avec Aphrodite a ajouté une couche supplémentaire d'intrigue à son histoire, faisant de lui un personnage captivant. Ainsi, même si Arès n'a pas été la star du spectacle, il a tout de même joué un rôle mémorable dans le drame épique qu'était la mythologie grecque. Casse-toi une jambe, Arès !

Héphaïstos

Héphaïstos, le divin forgeron des dieux et l'époux de l'éblouissante Aphrodite, peut te sembler étrange dans le monde glamour de la mythologie grecque. Mais soyons honnêtes, qui n'a pas un faible pour l'outsider excentrique ? Dans un groupe de dieux ciselés et idéalisés, Héphaïstos se démarquait par son apparence terre-à-terre et sa nature rafraîchissante.

En tant que dieu du feu, de la métallurgie et de l'artisanat, Héphaïstos savait comment travailler avec ses mains. C'est à lui que l'on doit l'arsenal d'armes puissantes, d'armures et d'autres babioles divines des dieux. Cet artisan qualifié pouvait fabriquer n'importe quoi, des foudres de Zeus au char d'or d'Hélios. C'est ce qu'on appelle un CV polyvalent !

Parmi les Olympiens, Héphaïstos n'était pas exactement le symbole de la beauté. Alors que d'autres dieux étaient occupés à exhiber leur beauté juvénile, Héphaïstos était souvent dépeint comme un homme plutôt sans prétention. La légende raconte qu'il était boiteux et qu'il marchait en boitant, tout cela parce qu'il avait été jeté sans cérémonie du mont Olympe par sa propre mère, Héra, qui n'était pas ravie de ses apparences moins que parfaites. Mais Héphaïstos ne s'est pas laissé abattre pour autant ; il a accepté son caractère unique et s'est investi corps et âme dans son travail. Après tout, la beauté n'est que superficielle, n'est-ce pas ?

Bien qu'il puisse sembler être un petit joueur dans la mythologie grecque, Héphaïstos a en fait eu sa part de moments sous les feux de la rampe. Il a joué un rôle dans l'histoire du roi Minos et du Minotaure, en fabriquant le géant de bronze Talos pour sauvegarder la Crète. Il est également apparu dans l'histoire de Jason et des Argonautes, forgeant le navire magique Argo. Et n'oublions pas son mariage en dents de scie avec Aphrodite, qui l'a souvent placé au premier plan dans les histoires de ses exploits et mésaventures torrides.

Même si Héphaïstos n'était pas la divinité protectrice de nombreuses grandes villes, les gens savaient comment montrer leur amour pour le dieu de la forge. Les sanctuaires qui lui sont dédiés étaient monnaie courante, car qui ne voudrait pas rendre hommage au divin artisan à l'origine de certaines des créations les plus stupéfiantes de la mythologie grecque ?

Les caractéristiques uniques d'Héphaïstos ont fait de lui une figure fascinante du Panthéon des dieux grecs. En tant que forgeron divin, il est l'incarnation de la créativité, de l'habileté et de la persévérance. Son apparence moins que parfaite et ses défis personnels ajoutaient de la profondeur à son personnage, ce qui en faisait une figure aimable et captivante. Ainsi, si Héphaïstos n'était peut-être pas le plus tape-à-l'œil des dieux, il savait assurément comment voler la vedette grâce à son indéniable sens du drame dans le monde envoûtant de la mythologie grecque.

Dionysos

Dionysos, le dieu du vin, des festivités et de tout ce qui est joyeux, est l'âme de la fête dans le monde de la mythologie grecque. D'origine exotique thrace, il a apporté une touche unique et enivrante au Panthéon grec. Fils de Zeus et d'une mère mortelle, Dionysos était un mélange fascinant de qualités divines et mortelles, ce qui le rendait d'autant plus irrésistible.

Notre cher Dionysos, en tant que dieu du vin, avait un palais assez raffiné lorsqu'il s'agissait de vignes et de vinification. Il était un personnage clé de la culture grecque et de la vie méditerranéenne, où la viticulture était aussi essentielle qu'une bonne bouteille de rouge lors d'un dîner. Dionysos était toujours prêt à répandre la joie et à aider les mortels les plus coincés à se détendre.

Personne ne pouvait organiser une fête comme Dionysos, qui présidait les fêtes bacchanales sauvages et tapageuses, nommées d'après son alter ego latin, Bacchus. Ces fêtes hédonistes étaient loin d'être des soirées comme les autres ; il s'agissait moins de repas-partage que de véritables orgies dont on pensait qu'elles influençaient la récolte de vin. Les Grecs savaient comment s'amuser, et Dionysos était l'homme de la situation.

Dans l'art et l'imagerie, Dionysos apparaît souvent sous la forme d'un homme barbu tenant une coupe de vin ou un thyrse (un bâton surmonté d'une pomme de pin, et non un chapeau de fête). Son entourage comprenait une équipe hétéroclite de fêtards turbulents, tels que des satyres, des maenades et d'autres créatures mythiques. Dionysos avait le don d'inspirer l'extase et la folie à ses disciples, faisant de ses fêtes un délicieux mélange de plaisir et de pandémonium.

Au-delà de son rôle de Dieu du vin et des festivités, Dionysos s'est également intéressé au théâtre et aux arts. En tant que protecteur de la créativité et de l'expression personnelle, il encourageait les Grecs à laisser libre cours à leur créativité et à repousser les limites de leur imagination. Ainsi, Dionysos défendait les aspects physiques et émotionnels de l'expérience humaine.

Dans la plupart des villes grecques, y compris Eleusis près d'Athènes, Dionysos était célébré par des cultes et des fêtes endiablées. On pouvait sentir sa présence aux carrefours et dans les statues représentant un homme barbu avec un phallus plutôt proéminent, servant de rappel insolent de son influence sur la vie grecque. Les caractéristiques de Dionysos en ont fait une figure magnétique de la mythologie grecque. En tant que dieu du vin, des festivités et des arts, il incarnait l'esprit de la fête, de la créativité et de l'indulgence. Ses origines exotiques et son mélange captivant de traits divins et mortels n'ont fait qu'ajouter à son charme, faisant de lui un personnage à part dans le Panthéon des dieux grecs. Levons donc notre verre à Dionysos, le dieu de la fête par excellence et le symbole suprême des plaisirs et des excès de la vie. Santé !

Les Déesses

Héra

Héra, la reine des dieux et épouse de Zeus, a joué un rôle clé dans la mythologie grecque. En tant que déesse du mariage et des femmes, elle mettait en scène le meilleur et le pire de la féminité avec son mélange unique de force et de vulnérabilité. Avec une bonne dose d'ironie dans son histoire, Héra est devenue un personnage complexe et passionnant du Panthéon des dieux grecs.

Malgré son statut de déesse du mariage et des femmes, Héra s'est retrouvée impuissante à mettre un terme aux frasques de son mari. Les liaisons de Zeus avec des mortelles et d'autres êtres divins lui rappelaient constamment que même la déesse du mariage n'avait pas réussi à préserver le caractère sacré de sa propre relation. Ce chagrin d'amour permanent a conduit à une dynamique d'amour-haine, où la rage couvait sous la surface, prête à éclater à tout moment.

La loyauté d'Héra envers Zeus est à la fois admirable et tragique. Malgré les innombrables infidélités de son mari, elle l'aimait et le soutenait toujours. Mais son chagrin d'amour se transformait souvent en une colère vengeresse, visant la progéniture illégitime de son mari et leurs mères. Ce côté sombre d'Héra montrait la profondeur de sa douleur et l'étendue de sa trahison.

L'un des exemples les plus célèbres de la colère d'Héra est son animosité envers Hercule. Ce demi-dieu musclé était le fils de Zeus et d'une mortelle nommée Alcmène. Poussée par son désir d'effacer toute trace de l'infidélité de son mari, Héra a essayé de mettre fin à la grossesse d'Alcmène. Mais lorsque Galanthis, l'astucieuse servante d'Alcmène, a fait croire à Héra que le bébé était déjà né, Héra est entrée dans une colère noire et a transformé Galanthis en belette. Bien qu'Hercule ait évité une balle (ou un éclair) pour le moment, la rancune d'Héra à son égard durerait toute sa vie.

Mais Héra ne se résume pas à son mariage tumultueux avec Zeus. En tant que déesse du mariage et des femmes, elle représentait un puissant symbole d'autorité féminine et de stabilité dans la société grecque antique. Souvent représentée comme une figure royale et digne, ornée d'une couronne et d'un sceptre, Héra dégageait un air d'autorité. Elle était également étroitement associée au Paon, une créature connue pour sa beauté et sa grandeur, reflétant sa propre présence majestueuse.

Héra était une déesse aux multiples contradictions : aimante mais vengeresse, loyale mais trahie et puissante mais vulnérable. Ces traits complexes ont fait d'elle une figure fascinante de la mythologie grecque, révélant les multiples facettes de la féminité et les montagnes russes émotionnelles qui accompagnent l'amour et la trahison. L'histoire d'Héra nous rappelle l'incroyable force et la résilience des femmes, même face à un chagrin d'amour inimaginable. Voici donc Héra, une déesse dont l'histoire est aussi captivante que racontable.

Déméter

Déméter, la déesse des moissons, occupe une place spéciale dans le Panthéon de la mythologie grecque. Connue sous le nom de Mère Nature, elle est la gardienne ultime de la Terre, veillant à ce qu'elle nourrisse tous les êtres vivants. Les caractéristiques de Déméter en font un symbole de la vie, de l'abondance et de la danse changeante des saisons.

En tant que déesse des moissons, Déméter joue le rôle de gourou de l'agriculture, enseignant aux humains les ficelles du métier lorsqu'il s'agit de cultiver la terre. Elle leur transmet les connaissances nécessaires à la culture du maïs et d'autres plantes essentielles. Grâce à la main verte de Déméter, les habitants de la Grèce antique ont pu cultiver la terre, nourrir leur famille et faire la fête comme en 480 avant Jésus-Christ.

La nature tendre et maternelle de Déméter transparaît dans sa relation avec sa fille Perséphone, qui a été enlevée par Hadès et emmenée aux enfers. Perséphone partie, Déméter devient la déesse du chagrin, négligeant ses devoirs et plongeant la Terre dans un état froid et stérile pendant la moitié de l'année. L'hiver en Grèce ? Ce n'est pas le meilleur moment pour partir en vacances.

Mais dès que Perséphone retourne auprès de sa mère, la joie de Déméter redonne vie à la Terre, donnant le coup d'envoi d'un beau renouveau. Cette période représente les mois de printemps et d'été où les cultures prospèrent et où la vie bat son plein. Grâce à Déméter, nous sommes témoins de l'étonnante capacité de la nature à rebondir.

L'amour féroce de Déméter pour sa fille met en évidence ses instincts protecteurs. Elle s'est donné beaucoup de mal pour retrouver Perséphone, concluant un accord avec Hadès pour que sa fille passe la moitié de l'année avec sa mère et l'autre moitié dans le monde souterrain. Tu parles d'une maman Ourse forte et résistante !

Dans l'art et la mythologie, Déméter apparaît souvent comme une figure maternelle, portant une couronne de céréales ou tenant des gerbes de blé. Ces symboles représentent son lien avec les récoltes et la terre. Parfois, elle est représentée avec une torche (la lampe de poche n'avait pas encore été inventée), signifiant sa recherche de sa fille perdue, ou entourée de plantes et d'animaux, soulignant son côté nourricier.

Ces caractéristiques font d'elle une figure centrale de la mythologie grecque. En tant que déesse des récoltes et mère de la nature, elle est la force vitale des saisons de la Terre qui changent constamment. Son amour pour Perséphone et son dévouement inébranlable à ses responsabilités révèlent une déesse au cœur plein de force, de tendresse et de résilience. À travers l'histoire de Déméter, nous découvrons le pouvoir de l'amour, la beauté du renouveau et le fait que tout est lié dans la nature - même dans la Grèce antique, le monde était petit après tout.

Aphrodite

Aphrodite, la déesse de la beauté et de l'amour, est une figure emblématique de la mythologie grecque. Avec son apparence à couper le souffle et son charme irrésistible, elle personnifie la passion, le désir et la sensualité. Les caractéristiques d'Aphrodite en font une déesse fascinante et aux multiples facettes, dont l'attrait ne connaît pas de frontières, et qui joue un rôle de premier plan dans d'innombrables mythes et légendes.

La légende raconte qu'Aphrodite est née de l'écume de l'océan lorsque des gouttes de sang du Titan vaincu, Uranus, ont éclaboussé l'eau. Sa beauté était si éblouissante que même les dieux du Mont Olympe craignaient une guerre divine totale pour son affection. L'astucieux Zeus, toujours à la recherche du bien commun, a décidé de prévenir ce conflit potentiel en mariant Aphrodite à Héphaïstos, le dieu le moins séduisant de l'Olympe. Ce couple improbable de la beauté et de la laideur est considéré comme une sorte d'équilibre cosmique, qui maintient la paix sur l'Olympe.

Il est intéressant de noter qu'Aphrodite n'était pas une déesse grecque typique. Son culte en Grèce est né des échanges commerciaux et culturels avec le Proche-Orient. Imaginez les marchands grecs de l'Antiquité se frottant aux habitants de pays comme la Phénicie et la Syrie, où ils ont rencontré des déesses sensuelles comme Astarté. Aphrodite a rapidement fait sa grande entrée dans la religion grecque.

Bien qu'elle ait été importée de l'étranger, Aphrodite est rapidement devenue une figure centrale dans de nombreux mythes grecs. Chaque fois qu'il y avait une bouffée d'amour, de passion ou de désir dans l'air, Aphrodite n'était jamais loin. Sa beauté fascinait les dieux et les mortels, et elle a même joué un rôle crucial dans la guerre de Troie lorsque Pâris l'a déclarée la plus belle de toutes avec cette fameuse pomme d'or.

Tu as probablement vu l'image emblématique d'Aphrodite : émergeant de la mer, nue et debout sur un coquillage - une scène immortalisée par l'artiste de la Renaissance Botticelli. Cette représentation capture sa beauté divine et son lien avec l'océan, qui a donné naissance à son étonnante présence.

En tant que patronne de Cydnus en Asie Mineure et de Paphos à Chypre, Aphrodite jouissait d'un culte et d'une adoration très répandus. Les Romains la connaissaient même sous le nom de Vénus, preuve supplémentaire de son attrait interculturel.

Les caractéristiques d'Aphrodite en font une déesse enchanteresse et complexe. Incarnation de la beauté et de l'amour, elle a conquis le cœur et les désirs des dieux et des mortels. Son histoire d'origine intrigante et son culte très répandu témoignent de son attrait magnétique, transcendant les frontières culturelles et lui assurant une place parmi les figures les plus captivantes de la mythologie grecque. À travers l'histoire d'Aphrodite, nous entrevoyons le pouvoir de l'amour et du désir, ainsi que l'attrait indéniable de la beauté qui continue de nous captiver aujourd'hui. Et soyons honnêtes, qui peut résister à une déesse qui sait comment faire une entrée remarquée ?

Eris

Eris, la déesse des conflits et de la discorde, est une véritable faiseuse de troubles dans la mythologie grecque. De nature espiègle et chaotique, elle aime remuer le couteau dans la plaie, provoquant conflits et discordes partout où elle passe. Les caractéristiques d'Eris révèlent une déesse complexe et rusée, dont les frasques peuvent te faire rire ou frémir, selon la situation.

En tant que déesse de la dispute et de la discorde, Eris a le don de causer des ennuis et de susciter des conflits. Elle est comme cette amie qui semble toujours connaître les ragots les plus juteux et ne peut s'empêcher de les partager, même s'ils sont un peu exagérés. Qu'il s'agisse de rumeurs chuchotées, de manipulations subtiles ou de chaos pur et simple, l'influence d'Eris se fait sentir partout où il y a des drames et des tensions.

Dans la tristement célèbre histoire de la pomme d'or, Eris joue le rôle de l'ultime fauteuse de troubles lors d'un mariage. Se sentant snobée parce qu'elle n'a pas été invitée à un mariage divin, elle décide de semer la zizanie en jetant une pomme d'or sur laquelle sont inscrits les mots « À la plus belle » parmi les déesses Aphrodite, Héra et Athéna. Son plan sournois fonctionne à merveille, et bientôt les déesses se disputent pour savoir à qui revient le titre de « la plus belle ».

Zeus, ne voulant pas s'immiscer dans ce conflit divin, passe le relais au prince mortel Pâris, en lui demandant de choisir la déesse la plus belle. Chaque déesse, désireuse de gagner les faveurs de Pâris, lui offre une récompense alléchante. Finalement, c'est la promesse d'Aphrodite d'aider Paris à épouser la plus belle femme de la Terre, Hélène, qui le séduit. Malheureusement, Hélène est déjà mariée, et son enlèvement par Pâris conduit à la guerre de Troie, une guerre dévastatrice. Tout ce chaos et ce conflit, c'est grâce à la passion d'Eris pour le théâtre.

Eris est souvent représentée comme une figure sombre et sinistre, symbolisant la nature destructrice du conflit et de la discorde. Elle est parfois représentée tenant une torche ou un fouet, comme une sorte de dominatrice du chaos. Dans certains mythes, Eris est décrite comme la sœur d'Arès, le dieu de la guerre, ce qui renforce son lien avec le conflit et la bataille.

Les caractéristiques d'Eris en font une figure fascinante et quelque peu terrifiante de la mythologie grecque. En tant que Déesse des conflits et de la discorde, elle nous rappelle le pouvoir destructeur des conflits et l'importance de l'harmonie dans les relations humaines et divines. La nature rusée d'Eris et sa capacité à semer le trouble servent de mise en garde, nous rappelant que les méfaits d'une seule personne peuvent entraîner tout un chaos. Alors la prochaine fois que tu auras envie de remuer le couteau dans la plaie, souviens-toi de l'histoire d'Eris et réfléchis-y à deux fois !

Athéna

Athéna, la Déesse de la guerre et de la sagesse, est une figure fascinante de la mythologie grecque. Avec un mélange unique de cervelle et de muscles, elle est l'ultime super-héroïne du monde antique. Les caractéristiques d'Athéna révèlent une déesse aux multiples facettes, dont l'influence s'étend bien au-delà des domaines de la guerre et de l'apprentissage.

En tant que déesse de la guerre, Athéna représente la pensée stratégique et la capacité à garder son sang-froid sous la pression. Contrairement à Arès, son frère impétueux, qui privilégie la force brute de la guerre, Athéna préfère déjouer ses ennemis grâce à une planification minutieuse et à une stratégie astucieuse. Il n'est donc pas étonnant qu'elle soit la déesse préférée des Mortels et des dieux qui ont besoin de conseils tactiques.

Mais le génie d'Athéna ne s'arrête pas là. Elle est aussi la déesse de la Sagesse, ce qui la distingue du reste du panthéon grec. Ses prouesses intellectuelles font d'elle la patronne divine de l'apprentissage, de la connaissance et des arts. Alors, que tu sois poète, philosophe ou artisan, Athéna est là pour te soutenir.

Parlons maintenant de l'incroyable histoire d'origine d'Athéna. Elle n'est pas seulement née, elle a jailli entièrement formée et armée de la tête de Zeus ! Une naissance extraordinaire qui lui a valu une place spéciale dans le cœur de Zeus, faisant d'elle la favorite de ses yeux divins.

Athéna a joué un rôle de premier plan dans de nombreux mythes grecs, notamment dans l'histoire de Persée et Méduse, où elle a été la sage mentore du héros. Dans l'art et la mythologie, elle est souvent représentée portant un casque et une lance, ou vêtue d'une armure complète, montrant ainsi son côté guerrier. Et n'oublions pas son fidèle compagnon, la chouette, symbole de sa sagesse et de sa perspicacité.

La ville d'Athènes, nommée en son honneur, occupait une place particulière dans le cœur d'Athéna. En tant que protectrice et patronne de la ville, elle est vénérée et célébrée par ses habitants. Le Parthénon, un temple dédié à Athéna, témoigne de son importance dans la culture grecque antique. Pour les Romains, elle était connue sous le nom de Minerve, preuve que son influence ne connaissait pas de frontières.

Les caractéristiques d'Athéna font d'elle un personnage vraiment unique dans la mythologie grecque. En tant que déesse de la guerre et de la sagesse, elle est un mélange parfait de force féroce de guerrière et d'intelligence aiguisée d'érudite.

Son rôle dans divers mythes et son association avec Athènes ont renforcé son statut de symbole bien-aimé du courage, de la sagesse et de la pensée stratégique. L'histoire d'Athéna est une source d'inspiration pour ceux qui cherchent à équilibrer le savoir et l'action, et nous rappelle que la véritable force réside dans l'harmonie entre l'esprit et le cœur. Alors, la prochaine fois que tu seras confronté à un défi, canalise l'Athéna qui sommeille en toi et laisse-toi guider par la sagesse des dieux !

Artémis

Artémis, la déesse de la chasse, de la lune et du tir à l'arc, est un personnage fascinant de la mythologie grecque. En tant que sœur jumelle d'Apollon et fille de Zeus, elle possède une sérieuse crédibilité divine. Les caractéristiques d'Artémis révèlent une déesse aux multiples facettes, pleine de compassion, qui servait de protectrice et d'éducatrice pour les personnes et les animaux dans le besoin.

En tant que déesse de la chasse, Artémis était une archère habile et une chasseresse féroce, profondément liée au monde naturel. Elle parcourait la nature sauvage avec son entourage de nymphes et de jeunes filles, connues sous le nom de Servantes d'Artémis. Ensemble, elles chassaient et partageaient la camaraderie fraternelle de leurs vies sauvages et indomptées.

En tant que déesse de la lune, Artémis illuminait le ciel nocturne, guidant les voyageurs dans leurs périples. Ce lien avec la Lune faisait d'elle un phare de lumière et d'espoir dans l'obscurité. La présence d'Artémis se faisait sentir pendant les phases changeantes de la Lune, rappelant à tous qu'elle gardait toujours un œil sur les choses.

Une des caractéristiques les plus marquantes d'Artémis est son rôle de protectrice, en particulier des jeunes femmes et des animaux. Elle défendait farouchement ses protégés contre toute menace, un peu comme une grande sœur divine. Le dévouement inébranlable d'Artémis envers les personnes vulnérables a fait d'elle la favorite des Grecs de l'Antiquité.

Dans l'art et la mythologie, Artémis est souvent représentée comme une belle femme vêtue d'une tenue de chasse, armée d'un arc et d'un carquois de flèches. Sa beauté était si légendaire qu'elle suscitait le désir d'hommes mortels comme Actéon, qui a dû affronter sa colère pour avoir osé la regarder en cachette pendant qu'elle se baignait.

Malgré sa vanité qui, soyons honnêtes, était assez courante chez les dieux et les déesses, Artémis était vénérée pour ses attributs et ses qualités uniques. Le culte grec d'Artémis variait d'une région à l'autre, différents groupes se concentrant sur des divinités spécifiques en fonction de leurs besoins et de leurs valeurs. Par conséquent, le fan club d'Artémis était profondément enraciné dans le caractère régional du monde grec, notamment chez les Ioniens, les Doriens et les Éoliens. Les caractéristiques d'Artémis en font une figure vraiment unique et inspirante de la mythologie grecque. En tant que déesse de la chasse, de la lune et du tir à l'arc, elle incarne la force, le courage et un lien profond avec le monde naturel. Son rôle de protectrice et de nourricière l'a attachée à d'innombrables générations, et son influence durable continue de résonner dans notre monde moderne. L'histoire d'Artémis nous rappelle l'importance de la compassion et le pouvoir d'un esprit férocement protecteur, nous inspirant à défendre ceux qui ne peuvent pas se défendre eux-mêmes - tout comme un super-héros céleste !

Hestia

Hestia, la déesse grecque du foyer et du feu, est un personnage assez énigmatique de la mythologie grecque. Fille aînée de Cronos et de Rhéa, elle n'était pas seulement la grande sœur de Zeus, mais aussi la gardienne des feux du foyer. Les caractéristiques uniques d'Hestia révèlent une déesse qui incarne la chaleur douillette, la stabilité et l'harmonie du foyer, tout en offrant un retour au bon vieux temps des cultes antiques, avant que les Achéens et les Doriens ne s'invitent à la fête.

En tant que déesse de l'âtre, Hestia était la maîtresse de maison par excellence. Elle veillait à ce que chaque foyer soit chaleureux, accueillant et plein d'amour. Sa présence était ressentie dans chaque foyer, où le feu de l'âtre était le point névralgique des réunions de famille. Hestia était la personne à qui l'on faisait appel pendant les repas et les réunions, s'assurant que tout le monde avait sa part de nourriture, d'amour et de rires.

Les liens enflammés d'Hestia ne s'arrêtent cependant pas à l'âtre. Elle fournissait également la chaleur vitale qui nourrissait les communautés et gardait tout le monde bien au chaud. Grâce à Hestia, les foyers individuels et la société dans son ensemble prospéraient et vivaient en harmonie.

Dans un monde où les autres Olympiens n'étaient que drame et excitation, Hestia représentait une bouffée d'air frais. C'était la déesse paisible et douce qui préférait une tasse de thé et un bon livre aux petites querelles et aux luttes de pouvoir. Certains spécialistes pensent même que les premiers dieux grecs ressemblaient davantage à Hestia - calmes et pacifiques - et que les dieux plus turbulents comme Zeus et Apollon ne sont apparus qu'après de grands bouleversements culturels.

Dans l'art et la mythologie, Hestia est souvent représentée comme une femme modestement vêtue, parfois tenant un bâton ou une torche, symboles de sa passion ardente pour le foyer et la maison. Contrairement à d'autres dieux et déesses, Hestia n'était pas du genre à vivre de grandes aventures ou des histoires d'amour torrides ; elle était plutôt du genre à travailler dans les coulisses, à offrir du réconfort et du soutien à ceux qui en avaient besoin.

Les caractéristiques d'Hestia en font un personnage unique de la mythologie grecque. En tant que Déesse du foyer et du feu, elle rappelle chaleureusement la stabilité, l'harmonie et l'amour qui constituent le fondement d'une société prospère. Avec sa nature paisible et son dévouement inébranlable au foyer et à la famille, Hestia nous rappelle gentiment qu'il faut apprécier les choses les plus simples de la vie - comme un feu qui crépite, une couverture bien douillette et la compagnie de ceux que nous aimons. Alors, la prochaine fois que tu te retrouveras autour de la cheminée, prends un moment pour te souvenir d'Hestia et des valeurs intemporelles qu'elle représente.

Petites divinités

Zeus, dieu très occupé qu'il était, n'a pas seulement eu des enfants avec Héra. Il a engendré un certain nombre de divinités inférieures qui, bien qu'elles n'aient pas été des dieux officiels de l'Olympe, avaient leurs propres fan-clubs et leurs places VIP sur le mont Olympe. Cette foule variée comprenait les Muses, les Charites, les Horai, les Nymphes, Attis, Glaucus et les Satyres, toujours aussi turbulents.

Souvent appelés « esprits de la nature », ces êtres divins étaient connus pour leur amour du grand air. On pouvait les trouver en train de gambader dans la nature, de barboter dans l'eau ou de se promener tranquillement dans la campagne. Certains pourraient dire qu'ils étaient les premiers influenceurs, inspirant les gens à apprécier la nature et à s'y connecter.

Dans de nombreux cultes ruraux grecs, les esprits féminins, tels que les nymphes et les présences familières, étaient très populaires. Ils apportaient une touche de magie à la vie quotidienne et faisaient croire aux gens à la beauté enchanteresse de leur environnement. Quant aux esprits de la nature de sexe masculin, ils étaient plus souvent associés à la littérature et aux arts. On pourrait dire qu'ils étaient les muses du monde antique, inspirant la créativité et l'expression artistique.

Ainsi, bien qu'elles n'aient pas été des Olympiens de premier plan, ces divinités de moindre importance ont tout de même eu un impact significatif sur la culture et la mythologie grecques. Elles ont ajouté un peu de fantaisie et d'enchantement au monde, encourageant les gens à apprécier la beauté naturelle qui les entoure et à explorer leur côté créatif. Et soyons honnêtes, qui ne voudrait pas fréquenter un esprit amoureux de la nature qui pourrait inspirer votre prochain chef-d'œuvre ?

Muses

Les Muses, affectueusement appelées "Mousai" dans la Grèce antique, étaient les fabuleuses déesses de l'inspiration et de la créativité, illuminant le cœur des poètes, des artistes et des penseurs. Ces filles divines de Zeus et de Mnémosyne (la personnification de la mémoire, pour ne pas l'oublier !) possédaient chacune un talent unique et travaillaient ensemble comme une machine bien huilée pour inspirer et soutenir la créativité humaine.

Selon notre cher ami Hésiode, les neuf Muses étaient Euterpe, Melpomène, Erato, Thalie, Clio, Calliope, Uranie, Polymnie et Terpsichore. Ces charmantes dames se sont spécialisées dans différents domaines des arts et des sciences, ce qui fait d'elles l'équipe de rêve par excellence pour les créatifs :

1. Euterpe : Connue sous le nom de « donneuse de joie », Euterpe est la muse de la musique et de la poésie lyrique.
2. Melpomène : Avec son masque tragique et son humeur sombre, Melpomène était la déesse par excellence de la tragédie et des arts dramatiques.
3. Erato : Cette muse de la poésie amoureuse et du mimétisme a fait chavirer les cœurs avec ses vers et ses interprétations passionnées.
4. Thalie : Muse de la comédie et de la poésie légère, Thalie a permis au monde de rire et de s'amuser.
5. Clio : Véritable historienne et mécène de la poésie héroïque, Clio a veillé à ce que les histoires du passé perdurent pour les générations futures.
6. Calliope : Souvent considérée comme la reine des Muses, Calliope a inspiré la poésie épique et l'éloquence, guidant des légendes littéraires comme Homère et Hésiode.
7. Uranie : Les yeux fixés sur les cieux, Uranie était la muse de l'astronomie et des connaissances célestes.
8. Polymnie : Muse des hymnes sacrés et de la méditation, Polymnie apportait la paix et l'introspection aux chercheurs spirituels.
9. Terpsichore : Muse de la danse et de la poésie chorale, Terpsichore a donné du rythme et de la grâce aux pistes de danse du monde entier.

Les Muses n'hésitaient pas non plus à montrer leurs talents. Il existe quelques mythes sur des mortels assez audacieux pour défier leurs talents de chanteuses - alerte spoiler : les Muses gagnaient généralement, prouvant ainsi leurs compétences inégalées.

Ces caractéristiques font des Muses des figures vraiment uniques dans la mythologie grecque. En tant que Déesses de l'inspiration, elles incarnent la beauté, la passion et l'intelligence qui animent la créativité humaine. Leur influence touche tous les aspects des arts et des sciences, nous rappelant que l'inspiration est toujours au coin de la rue. En honorant les Muses, nous célébrons le pouvoir de la créativité et l'impact incroyable qu'elle a sur notre monde. Alors, levons notre verre (ou notre lyre) pour ces femmes incroyables et pour l'inspiration qu'elles nous apportent !

Charites (Grâces)

Les Charites, ou "Grâces" comme on les appelle affectueusement, étaient trois filles absolument divines de Zeus, nées de sa liaison avec Eurynomé, une Océanide. Ces charmantes dames, aussi gracieuses que magnifiques, exerçaient un attrait irrésistible sur divers aspects de la vie humaine, de la nature à l'art.

Lorsqu'il s'agit de fêtes, les Charites en sont le cœur et l'âme, saupoudrant le plaisir et la grâce sur chaque festivité. Honnêtement, aucun festin n'était complet sans leur présence enchanteresse pour ajouter un éclat supplémentaire.

Maintenant, plongeons plus profondément dans les fabuleuses personnalités de ces Sœurs divines, célèbres pour répandre la joie et l'élégance partout où elles allaient :

1. Aglaé : La plus jeune des Charites, Aglaé était la personnification de la beauté, de la splendeur et de la gloire. Elle avait le don de faire tourner les têtes et de laisser les gens éblouis par son charme rayonnant.
2. Euphrosyne : Cette sœur intermédiaire pleine de vivacité ne pensait qu'à s'amuser et à rire. La bonne humeur contagieuse d'Euphrosyne faisait d'elle l'âme de la fête, et la fille que tout le monde recherchait pour une célébration ou une soirée en ville.
3. Thalie : Aînée des Charites, Thalie incarnait l'abondance et la fête. Avec son esprit généreux et sa passion pour les festins somptueux, elle s'assurait que chaque rassemblement soit non seulement mémorable, mais carrément légendaire.

Les Charites aimaient socialiser avec d'autres dieux et déesses et faisaient souvent équipe avec les Muses pour inspirer la créativité et la joie dans les arts. Elles étaient également les meilleures amies d'Aphrodite, la déesse de l'amour et de la beauté, dont elles rehaussaient l'aura déjà éblouissante par leur propre charme irrésistible.

Ces gracieuses déesses étaient souvent représentées dans l'art, généralement en train de danser et de se tenir la main, symbolisant l'harmonie et l'unité qu'elles apportaient à chaque rassemblement. Elles avaient également un faible pour la nature, car leur présence ajoutait de la beauté et de la joie au monde qui les entourait.

Les caractéristiques des Charites font d'elles des figures vraiment charmantes de la mythologie grecque. En tant que déesses du charme, de la beauté et de la grâce, elles nous rappellent l'importance de répandre la joie et la gentillesse dans notre vie quotidienne. Leur influence touche tout, des festivités et de l'art au monde naturel, nous inspirant à embrasser la beauté et le plaisir que la vie a à offrir. Alors, portons un toast aux Charites et laissons leur esprit enchanteur remplir nos cœurs et nos maisons de joie et de grâce !

Horai (Saisons)

Faisons connaissance avec les Horai, un trio captivant de déesses sœurs qui ont joué un rôle central dans la mythologie grecque antique. Incarnant le printemps, l'été et l'hiver, ces charmantes filles de Zeus et de Thémis détenaient les clés de l'ordre naturel du monde. Grâce à leur touche divine, la vie s'épanouissait et l'agriculture prospérait tout au long de l'année. Explorons les caractéristiques uniques de chaque Hora et découvrons ce qui les a rendues si indispensables aux Grecs de l'Antiquité.

1. Eunomie : Eunomie était la personnification du bon ordre et de l'harmonie, tant dans la nature que dans la société humaine. En tant que déesse du printemps, elle veillait à ce que la terre soit revitalisée après un long hiver, bénissant la Terre d'un kaléidoscope de fleurs et du parfum irrésistible d'une nouvelle vie.
2. Diké : En tant que Hora de l'été, Diké symbolisait la justice, le jugement équitable et l'ordre moral. Elle s'assurait que le soleil brille, remplissait les journées de chaleur et fournissait les conditions parfaites pour que les cultures poussent et prospèrent.
3. Eiréné : Enfin et surtout, Eiréné représentait l'hiver, incarnant la paix, la tranquillité et la beauté sereine d'un monde recouvert de neige. En tant que déesse de l'hiver, elle offrait une saison de repos et de réflexion, permettant à la terre de rajeunir et de se préparer à la renaissance du printemps.

Mais attendez, ce n'est pas tout ! Les Horai n'étaient pas seulement des sensations saisonnières. Elles étaient également les gardiennes des portes du Mont Olympe, veillant à ce que la demeure divine des dieux reste interdite aux invités indésirables. De plus, leur lien avec le passage ordonné des saisons les a fait devenir les premières gardiennes du temps dans le calendrier de la Grèce antique.

Dans l'art et la littérature, les Horai sont représentées comme des femmes jeunes et magnifiques, parées d'accessoires saisonniers tels que des fleurs, des fruits et des vêtements d'hiver confortables. Leur grâce et leur charme sont censés refléter la beauté naturelle qu'elles ont contribué à créer dans le monde.

Les caractéristiques uniques des Horai en font de véritables figures enchanteresses de la mythologie grecque. En tant que déesses des saisons, elles nous rappellent la beauté changeante de la nature et l'importance de l'équilibre et de l'harmonie dans le monde naturel et la société humaine. En honorant les Horai, nous célébrons le cycle sans fin de la vie, de la croissance et du renouvellement qui nous soutient et nous nourrit tous. Accueillons donc chaleureusement (ou fraîchement, selon la saison) ces fabuleuses dames et embrassons les délicieux cadeaux qu'elles apportent à notre monde !

Nymphes

Ah, les Nymphes ! Ces dames enchanteresses ne peuvent tout simplement pas être négligées dans le monde de la mythologie grecque. S'ébattant dans les montagnes, les eaux, les ruisseaux, les sources et les prairies, les nymphes étaient la vie et l'âme de la fête mythologique. Leur nom, qui signifie « jeunes femmes en âge de se marier », nous donne une idée de leur allure et de leur charme. Bien qu'elles aient souvent joué un rôle de soutien ou de décoration dans divers mythes, ne te laisse pas tromper - ces créatures captivantes avaient beaucoup d'histoires à raconter.

Plongeons dans les caractéristiques des nymphes et découvrons les secrets qui se cachent derrière leur mystique :

- Esprits de la nature : Les nymphes étaient les esprits de la nature par excellence, chacune étant associée à un aspect spécifique du monde naturel. Des naïades, qui habitaient les rivières et les sources, aux dryades, qui vivaient dans les arbres, les nymphes se trouvaient dans presque tous les coins de la terre, ajoutant beauté et vitalité au monde qui les entourait.

- Semi-immortelles : Bien que les nymphes vivent beaucoup plus longtemps que les simples mortels, elles ne sont pas considérées comme véritablement immortelles. Leur durée de vie était étroitement liée aux éléments naturels qu'elles habitaient, de sorte qu'elles pouvaient connaître leur fin si leurs arbres étaient coupés ou leurs eaux asséchées.

- Affaires amoureuses : Les nymphes, aussi captivantes soient-elles, se retrouvaient souvent mêlées à des histoires d'amour passionnées - non seulement avec des humains, mais aussi avec des dieux et d'autres créatures mythiques. Certaines nymphes ont même donné naissance à des enfants à ces amants, ajoutant une touche de drame divin à leurs histoires.

- Métamorphes : Certaines nymphes étaient connues pour posséder la capacité de changer de forme, ce qui leur permettait de se transformer en animaux, en plantes ou en d'autres éléments naturels. Ce talent leur permettait de se fondre dans leur environnement, ce qui faisait d'elles les meilleures maîtresses du déguisement (et du cache-cache !).

- Compagnons : Les nymphes servaient fréquemment d'accompagnatrices et de compagnes à divers dieux et déesses. Par exemple, les Océanides et les Néréides accompagnaient Poséidon, le dieu de la mer, tandis que les Oréades se trouvaient souvent en compagnie d'Artémis, la déesse de la chasse.

- Beauté et grâce : Les nymphes étaient réputées pour leur beauté stupéfiante et leur comportement gracieux. Elles étaient souvent représentées comme de jeunes et belles femmes, rayonnant d'un charme et d'une allure à faire pâmer n'importe qui.
- Talents musicaux : De nombreuses nymphes étaient douées pour la musique et la danse. On les voit souvent chanter ou jouer d'un instrument pour divertir les dieux et les déesses lors de fêtes divines ou d'autres événements célestes.

Les nymphes de la mythologie grecque étaient un groupe captivant d'esprits de la nature, apportant beauté et charme au monde qui les entourait. Leur statut semi-immortel, leurs aventures amoureuses et d'autres caractéristiques intrigantes ont fait d'elles un ajout fascinant à d'innombrables mythes et légendes. Alors, la prochaine fois que tu te promèneras dans une forêt luxuriante ou au bord d'un ruisseau, ouvre l'œil - tu pourrais bien apercevoir une nymphe enjouée en train de profiter des splendeurs de la nature !

Satyres

Ces créatures particulières et captivantes de la mythologie grecque étaient bien connues pour leur nature sauvage et lubrique ainsi que leurs frasques. En tant qu'êtres mi-humains, mi-animaux, ils étaient aussi fascinants que particuliers. Avec leur apparence unique et leur comportement insolent, ils ont définitivement volé la vedette. Explorons les caractéristiques qui ont fait des satyres la vie de la fête mythologique :

- Apparence hybride : Les satyres, ayant une apparence hybride caractéristique, possédaient le haut du corps d'un homme et le bas du corps d'un cheval, incluant les pattes arrière et la queue du cheval. Cependant, certains satyres arboraient également des caractéristiques propres aux chèvres, telles que des oreilles, des cornes ou des pattes de chèvre. Leur nez snob ne faisait qu'ajouter à leur charme excentrique.
- Joyeux et lascifs : Avec un appétit insatiable pour les réjouissances, les festins et le vin, les satyres étaient connus pour leur luxure débridée et leur comportement joyeux, souvent en état d'ébriété. Ils étaient souvent représentés dans un état d'excitation constant, prêts à transformer n'importe quel rassemblement en une fête sauvage.
- Compagnons de Dionysos : Les satyres tenaient souvent compagnie à Dionysos, le dieu du vin et des festivités. Incarnant la sauvagerie et l'excès, elles étaient les parfaites acolytes d'un Dieu qui aimait s'adonner aux plaisirs

de la vie.
- Musiciens et danseurs : Les satyres avaient un sens aigu de la musique et de la danse. Ils sont souvent représentés jouant d'instruments tels que des flûtes, des tambourins ou des cymbales, et se déhanchant sur des danses vives et endiablées.
- Satyres notables : La mythologie grecque compte plusieurs satyres remarquables, chacun avec ses propres histoires et caractéristiques. Marsyas, par exemple, était un satyre musicien talentueux qui a tragiquement trouvé la mort après avoir défié le dieu Apollon lors d'un concours musical. Pan, un autre personnage mi-humain, mi-chèvre, était connu pour sa nature lascive et irritable, surtout si son petit somme de l'après-midi était interrompu. D'autres satyres bien connus incluent Attis, Glaukos Pontios, Priapos et Hymenaios.
- Trucs et astuces : Les satyres étaient également tristement célèbres pour leur nature espiègle et parfois sournoise. Ils aimaient jouer des tours aux humains et aux dieux, semant le chaos et la confusion partout où ils se trouvaient.

Les Satyres constituaient un ajout vraiment unique et irrésistible à la mythologie grecque. Avec leur apparence hybride, leur comportement lubrique et leur amour pour la malice, ils ont apporté un sentiment de sauvagerie et d'imprévisibilité aux mythes qu'ils ont habités. Alors, la prochaine fois que tu rencontreras une histoire mettant en scène ces êtres turbulents, attache ta ceinture et prépare-toi à une course folle et divertissante !

CHAPITRE 4
Demi-dieux et héros

Les demi-dieux
Les demi-dieux, fascinants rejetons de parents divins et mortels, ont joué un rôle essentiel dans la mythologie grecque. Dotés d'attributs divins tels que leur allure fringante, leur force inégalée et leurs compétences uniques, les demi-dieux se distinguaient dans la foule, tels des célébrités sur le tapis rouge de la Grèce antique.

Dans la mythologie grecque, les demi-dieux étaient vraiment uniques en leur genre. Alors que d'autres mythologies présentaient les enfants des dieux et des mortels comme de simples mortels, les Grecs ont poussé le bouchon un peu plus loin. Même si les dieux étaient pratiquement d'une autre espèce, ils ne pouvaient pas résister à l'envie de se mêler aux mortels. Zeus, Apollon et le reste de l'équipe divine ne pouvaient apparemment pas se passer de leurs amours mortelles. Et ils étaient très attentifs à leur progéniture mi-Dieu, mi-mortelle.

Les demi-dieux comme Hercule et Persée étaient les têtes d'affiche du mythe grec. Mais ils n'étaient pas les seuls - l'entourage de Jason lors de son voyage en Colchide comptait également un bon nombre de demi-dieux. Alors, Quel est le problème avec ces hybrides divino-humains ?

Eh bien, considérez les demi-dieux comme des coachs de vie, comme le veut la mythologie grecque. Les dieux étaient censés être des modèles pour les humains, leur montrant comment vivre au mieux. Mais, soyons honnêtes, ils n'étaient pas exactement l'incarnation de l'excellence morale (Je te regarde, Zeus, avec tes yeux errants et ta femme en colère). Les demi-dieux, en revanche, enseignaient aux mortels comment embrasser leur nature divine intérieure et peut-être même dépasser les dieux eux-mêmes.

Contrairement aux personnages tragiques condamnés à souffrir dès le départ, les demi-dieux étaient des héros plus grands que nature qui surmontaient l'adversité pour devenir plus dieux que les simples mortels. Bien sûr, les dieux avaient tous les avantages : force surhumaine, sagesse, immortalité et cheveux fabuleux. Mais les demi-dieux ont dû travailler pour cela, commençant souvent leur vie comme des « bâtards » avec des pères divins absents. Des héros comme Persée, Thésée et même Achille ont dû prouver leur valeur en relevant les défis des dieux.

Prenez Hercule, par exemple. Ce demi-dieu légendaire avait la force d'un super-héros, mais la vie n'était pas faite que de soleil et d'arcs-en-ciel. Il devait lutter contre des lions, être plus malin que des reines lubriques et accomplir 12 tâches apparemment impossibles, tout en gardant son sourire classique de demi-dieu grec. Un véritable travail multitâche !

Mais c'est justement le but des histoires de demi-dieux. Ces personnages extraordinaires montrent comment les humains peuvent ressembler davantage aux dieux, voire même être meilleurs. Alors que les dieux subissaient rarement les conséquences de leur mauvais comportement, les humains, eux, en subissaient. Les Grecs pensaient que cette punition était un ingrédient clé de la recette de l'humanité. La vie était dure, mais avec un peu d'inspiration divine et une pincée de détermination de demi-Dieu, les mortels pouvaient atteindre la grandeur et mériter leurs récompenses célestes.

Héros grecs

Persée

Persée, ce fringant héros grec que nous connaissons et aimons tous, était célèbre pour ses actes de bravoure impressionnants et son noble sens de la moralité. Au début, il pensait que le fait d'être à moitié mortel le rendait faible, mais il a fini par se rendre compte que son côté humain lui donnait en fait un avantage. Né de l'union magnifique, bien que peu conventionnelle, entre la princesse mortelle Danaé et le dieu Zeus, Persée a été doté de pouvoirs divins qui l'ont aidé à relever d'innombrables défis dans sa vie.

Parlons maintenant de sa force divine, une de ses caractéristiques les plus impressionnantes. Cette puissance musculaire s'est avérée utile lorsqu'il a affronté des ennemis redoutables comme la pétrifiante Gorgone Méduse. Heureusement pour Persée, les dieux l'encourageaient et lui ont fourni des objets magiques pour l'aider dans son voyage. Il a reçu les sandales ailées d'Hermès, qui lui ont permis de voler comme un super-héros, le heaume d'invisibilité d'Hadès, qui semble être un must pour tout aventurier, et un bouclier brillant et réfléchissant d'Athéna.

Persée est aussi un homme courageux. Il ne reculait jamais devant un défi, même si les chances semblaient impossibles. Mais il ne s'agissait pas que de force brute avec lui. Non, notre héros avait l'esprit vif et débrouillard, ce qui lui a souvent permis de sauver la situation. Prenons, par exemple, sa mission pour aller chercher la tête de Méduse. Au lieu de fixer directement la Gorgone et de se transformer en statue décorative, il a astucieusement utilisé le bouclier réfléchissant pour voir son reflet.

Tout au long de ses aventures, Persée a fait preuve d'un sens inébranlable de la justice et de l'honneur. Il était toujours en quête de protéger les innocents et de faire ce qui était juste. Comme la fois où il a sauvé la princesse Andromède d'un féroce monstre marin. Il est tombé sur elle, enchaînée à un rocher en guise de sacrifice, et sans la moindre hésitation, il a tué la bête, sauvé la demoiselle et gagné son cœur. Tu parles d'une histoire d'amour parfaite ! Ils finirent par se marier et retournèrent sur l'île de Serifos, où Persée se sentait le plus à l'aise.

Une autre chose qui rendait Persée si spécial était sa compassion et son empathie pour les autres, des traits qui provenaient de son côté humain. Alors qu'il considérait initialement ces qualités comme des faiblesses, elles se sont révélées être de véritables atouts dans son parcours héroïque. Elles l'ont aidé à forger des alliances et à gagner le soutien des dieux et des mortels.

Alors, voilà ! Persée, un héros extraordinaire, connu pour sa force divine, son courage, sa débrouillardise, son sens de la justice et son empathie. Grâce à ces attributs, il a accompli des exploits véritablement épiques et a laissé une empreinte durable dans la mythologie grecque. Et soyons honnêtes, qui ne voudrait pas d'un tel héros dans son coin ?

Hercule

Voici Hercule, l'autre grand héros de la mythologie grecque, largement considéré comme l'homme le plus fort du monde. Il est né du puissant Zeus et d'une mère mortelle, la princesse thébaine Alcmène, et on peut donc dire que la grandeur était dans ses gènes. Cependant, Héra, l'épouse peu enthousiaste de Zeus, était très mécontente des activités extraconjugales de son mari et a décidé de s'en prendre au bébé Hercule. Elle envoya deux serpents pour tuer l'enfant dans son sommeil, mais à la surprise générale, le petit Hercule attrapa les serpents par la gorge et les étrangla. Tu parles d'une démonstration précoce de talent ! À partir de ce moment, il est clair qu'Hercule était destiné à devenir le héros des mortels et des dieux.

En grandissant, Hercule perfectionna ses aptitudes au combat, devenant un expert de l'arc et des flèches, de l'épée et maîtrisant l'art de la chasse. Cependant, il n'était pas vraiment fan des activités plus raffinées comme la poésie, la littérature et la musique. En fait, il tua accidentellement son professeur de musique en le frappant avec une lyre - de toute évidence, il ne connaissait pas sa propre force. Pour lui éviter des ennuis, Hercule fut envoyé dans les montagnes, où il pouvait déployer ses muscles sans provoquer de chaos.

Dans les montagnes, notre jeune héros costaud devint plus fort et plus courageux, et à l'âge de dix-huit ans, il réussit l'incroyable exploit de tuer un lion à mains nues. Mais la rancune d'Héra était loin d'être terminée. Elle était toujours en colère et, dans sa rage, rendit Hercule fou, l'amenant à tuer sa propre femme et ses enfants dans un accès de démence. Pour expier ses actes, Hercule demanda conseil à l'oracle de Delphes et reçut l'instruction de suivre les ordres d'Eurysthée, le roi de Mycènes. C'est ainsi que naquirent les légendaires Travaux d'Hercule, une série d'exploits époustouflants qui mirent en valeur sa force et son courage extraordinaires.

Mais Hercule n'était pas seulement un héros musclé. Il était doté d'une endurance, d'une résilience et d'une détermination remarquables qui lui permettaient de s'attaquer aux tâches les plus intimidantes. En accomplissant ses douze travaux, y compris la capture de l'insaisissable biche cérénienne, le nettoyage des écuries d'Augeas, notoirement sales, et même la capture de Cerbère, le redoutable chien à trois têtes des Enfers, Hercule prouva qu'il était un fin stratège et qu'il savait résoudre les problèmes.

En plus de ses muscles et de son intelligence, Hercule est connu pour son sens profond de la loyauté, du devoir et de l'honneur. Quels que soient les obstacles qu'il rencontrait, il restait inébranlable dans sa mission de se racheter et de servir le plus grand bien. Sa compassion et son empathie pour les autres, qualités souvent reléguées au second plan dans les récits d'héroïsme, jouèrent un rôle essentiel en l'aidant à se lier avec les mortels et les dieux.

Alors, voilà ! Hercule, un personnage extraordinaire de la mythologie grecque, célébré pour sa force phénoménale, son courage, sa résilience, sa loyauté et son empathie. Grâce à ces attributs, il surmonta d'innombrables défis et laissa une marque indélébile dans les histoires de la Grèce antique. C'est vraiment le genre de héros que tu voudrais avoir à tes côtés en cas de coup dur - ou, tu sais, si tu as besoin d'aide pour déplacer ton canapé.

Bellérophon

Bellérophon, le neveu au charme irrésistible de l'infâme Sisyphe, est né à Corinthe, doté d'un trio divin de force, de grâce et d'une beauté à couper le souffle. L'histoire de ce héros grec commence dans sa jeunesse, lorsqu'un accident tragique l'amène à tuer accidentellement un homme. Désireux de se laver les mains de son crime, Bellérophon se rend à Tiryns, où le bienveillant roi Proetus lui accorde gentiment l'absolution et l'accueille dans le giron royal.

Pendant son séjour à Tiryns, le charme fringant de Bellérophon attire l'attention de la reine Antéia. Éprise du beau héros, elle fait de son mieux pour le courtiser, mais Bellérophon, toujours gentleman, décline ses avances avec tact. Dans un cas classique d'amour qui tourne mal, la reine délaissée a tissé une toile de mensonges à propos de Bellérophon, laissant son mari loin d'être satisfait.

Mais la vie de Bellérophon était loin d'être banale, et ses qualités époustouflantes allaient au-delà de ses traits ciselés. C'était un guerrier redoutable, doté d'une étrange capacité à dompter les bêtes les plus sauvages. Sa pièce de résistance ? Dompter le légendaire cheval ailé Pégase, un exploit qu'aucun mortel n'avait jamais réussi. Avec Pégase comme fidèle acolyte, Bellérophon se lance dans des escapades audacieuses et sa renommée dépasse celle de son compagnon ailé.

L'un des exploits les plus stupéfiants de Bellérophon est sa victoire sur la féroce Chimère. Cette créature terrifiante avait le corps d'un lion, la queue d'un serpent et la tête d'une chèvre crachant du feu - l'ultime trouble-fête ! Grâce à une combinaison de cervelle et de muscles, notre héros a réussi à tuer le monstre et à s'assurer une place dans le Panthéon des héros.

Mais chaque histoire a ses rebondissements, et l'orgueil de Bellérophon a fini par dépasser son meilleur jugement. Au fur et à mesure que ses victoires s'accumulaient, il s'est mis à croire qu'il était au même niveau que les dieux. Dans un moment d'excès de confiance, il a tenté de faire voler Pégase jusqu'au Mont Olympe, la demeure des dieux. Zeus, cependant, n'a pas été amusé par l'audace de ce mortel. Il envoya une mouche du coche pour piquer Pégase, ce qui eut pour effet de faire ruer le cheval et d'envoyer Bellérophon au sol.

Bien que Bellérophon ait survécu à la chute, sa vie a pris une tournure tragique. Estropié et déshonoré, il erre sur la terre, seul et abandonné par les dieux. Ainsi, l'histoire de Bellérophon nous rappelle sans cesse qu'il faut modérer son orgueil, sous peine de subir les conséquences désastreuses de penser que l'on peut égaler les dieux.

Thésée

Thésée, un héros grec qui a le sens du drame et dont l'arbre généalogique comporte des branches mortelles et divines, est surtout connu pour avoir terrassé le redoutable Minotaure et réuni l'Attique sous la bannière d'Athènes. Ce garçon légendaire n'avait pas un mais deux pères : Égée, le roi d'Athènes, et Poséidon, le dieu des mers (ce qui n'était pas sans pression paternelle !).

Désireux d'avoir un héritier, mais ne sachant pas comment s'y prendre, Égée consulta l'oracle de Delphes pour obtenir des conseils parentaux. La réponse énigmatique de l'oracle l'ayant laissé perplexe, il se tourna vers le roi Pitthée de Trézène pour lui demander de la sagesse. Dans un cas classique de mauvaise communication, au lieu de fournir une réponse claire, Pitthée présenta Égée à sa charmante fille, Aethra. Avance rapide jusqu'à leur nuit de noces, quand Aethra se retrouva séduite par Poséidon sur l'île de Sphairia. Le résultat ? Un enfant doté d'un puissant mélange de charme mortel et de grâce divine.

Lorsque Aethra tomba enceinte, Égée décida de retourner à Athènes. Mais avant de partir, il enterra ses sandales et son épée sous un rocher pour tester sa future progéniture, disant à Aethra que lorsque leur fils serait assez fort pour déplacer la pierre et récupérer les objets, il serait prêt à revendiquer son droit d'aînesse. Égée abandonna alors Aethra et retourna à Athènes pour épouser Médée, une sorcière qui avait un penchant pour la vengeance. Cette porte tournante de relations a peut-être déteint sur Thésée, qui a développé un talent pour laisser une série de femmes au cœur brisé dans son sillage.

Ayant grandi sous l'œil vigilant de sa mère, Thésée ne sut rien de l'identité de son père jusqu'à ce qu'il atteigne l'âge de seize ans, lorsqu'il se fraya un chemin à travers le rocher pour découvrir les sandales et l'épée cachées. Aethra lui révéla alors la vérité, le pressant d'apporter les objets à Égée et de revendiquer sa place dans la famille.

Pour se rendre à Athènes, Thésée avait deux options : un voyage maritime rapide et sûr, ou une route terrestre dangereuse qui impliquait de contourner le golfe Saronique et d'affronter six redoutables brigands. N'ayant jamais reculé devant un défi, Thésée choisit cette dernière option.

Au cours de sa périlleuse quête, Thésée fit preuve d'un courage, d'une force et d'une ruse remarquables, éliminant chaque brigand avec brio. Mais sa pièce de résistance fut son affrontement avec le Minotaure, une monstruosité mi-homme, mi-taureau qui se cachait dans le labyrinthe tortueux du roi Minos. Grâce à son intelligence et à ses muscles, Thésée réussit à tuer la bête et à s'échapper du labyrinthe, ce qui lui valut une place dans le Panthéon des héros. Mais Thésée ne se contentait pas de montrer ses muscles ; c'était aussi un leader avant-gardiste qui unifia l'Attique sous la domination d'Athènes. Ses efforts pour rassembler la région jetèrent les bases de l'ascension d'Athènes en tant que puissance majeure de la Grèce antique. L'héritage de Thésée en tant que héros, aventurier et leader progressiste continue d'enchanter et d'inspirer des générations, prouvant qu'un peu d'intervention divine, de détermination et une bonne dose d'humour peuvent faire beaucoup.

Jason

Jason, notre héros grec, était connu pour sa quête épique en tant que commandant du navire magique Argo, à la recherche de la légendaire Toison d'or. Né d'Aeson, un roi de Thessalie, dans le nord de la Grèce, la vie de Jason a pris une tournure digne d'un feuilleton lorsque son père a été renversé par nul autre que son propre frère, l'oncle Pélias, qui n'était pas si bienveillant que cela. Cet oncle assoiffé de pouvoir menaçait d'éliminer tous ceux qui osaient contester ses prétentions au trône.

Pour protéger Jason des griffes de Pélias, il fut envoyé et placé sous l'œil vigilant de Chiron, un centaure amical doué pour encadrer les héros. Devenu un jeune homme fringant, Jason décida qu'il était temps de prendre le taureau par les cornes et de reconquérir son royaume. Au cours de son voyage, il montra son côté gentleman en aidant une vieille femme à traverser une rivière. Loin de se douter que cet acte de bonté lui vaudrait une puissante alliée, car cette femme était en fait la déesse Héra déguisée. Touchée par sa galanterie, elle jura de soutenir Jason dans ses projets futurs.

Alors qu'il aidait incognito Héra, Jason eut une petite mésaventure de mode, perdant l'une de ses sandales. Ce fait allait bientôt le propulser dans l'aventure de sa vie. Tu vois, Pélias avait été averti par une prophétie qu'il devait se méfier d'un étranger qui n'avait qu'une seule Sandale. Lorsque Jason se présenta avec une seule sandale, Pélias sut que la prophétie s'était réalisée. Désireux de conserver son trône, il envoya Jason dans une quête quasi impossible pour aller chercher la Toison d'or, pensant que notre héros ne reviendrait pas.

Mais Jason était loin d'être seul dans sa quête audacieuse. Avec l'aide divine des déesses Héra et Athéna, il fit construire le légendaire navire Argo et réunit une équipe de rêve composée de cinquante valeureux guerriers. Cet équipage étoilé comprenait le puissant Hercule, les frères jumeaux Castor et Pollux, le mélodieux Orphée et la rapide Atalante. Ensemble, ils mirent le cap sur le lointain pays de Colchide, sur la mer Noire.

Face à des obstacles de taille, Jason et sa bande d'Argonautes se lancèrent dans une aventure en montagnes russes pleine de danger, de suspense et de quelques rebondissements inattendus. Leur voyage mit à l'épreuve leur courage, leur intelligence et leur détermination alors qu'ils affrontaient des obstacles tels que des rochers qui s'entrechoquaient et des taureaux crachant du feu. À travers tout cela, le leadership et la résilience de Jason brillèrent comme un phare, prouvant que même un héros avec une seule Sandale pouvait laisser une marque indélébile sur les pages de la mythologie grecque.

Achille

Achille, le légendaire guerrier grec, vedette du poème épique d'Homère, l'Iliade, était un véritable héros à l'époque. Né du roi mortel Pélée et de la nymphe de la mer Thétis, Achille était destiné à la grandeur dès le départ. Avec une ascendance divine et une prophétie en sa faveur, il était en fait la version grecque antique d'une célébrité, destinée à devenir le guerrier le plus redoutable de son temps.

Pour donner à son fils un avantage au combat, Thétis décida de plonger Achille dans le Styx, en le saisissant par le talon - un geste parental audacieux, certes ! Ainsi, son talon devint son seul point vulnérable. Ce « talon d'Achille », comme on l'appellera plus tard, jouera un rôle crucial dans sa vie.

L'éducation d'Achille fut de premier ordre, avec le sage centaure Chiron comme précepteur, qui lui enseigna l'art du combat et les valeurs d'un vrai guerrier. En grandissant, la réputation d'Achille en tant que combattant redoutable se répandit dans toute la Grèce, et il fut rapidement recruté pour rejoindre les forces grecques dans la guerre de Troie. C'est au cours de cette guerre qu'Achille connut sa plus grande gloire et fut confronté à son ultime tragédie.

À la tête des Myrmidons, un groupe de guerriers d'élite de sa patrie, la Phthie, Achille devint rapidement le meilleur soldat de l'armée grecque. Ses compétences inégalées au combat, combinées à sa férocité et à sa détermination, firent de lui une force redoutable. Cependant, Achille avait un certain tempérament, ce qui entraînait souvent des conflits avec ses compatriotes grecs, notamment avec le roi Agamemnon.

Alors que la guerre de Troie faisait rage, la colère et l'orgueil d'Achille le poussèrent à se retirer du champ de bataille, laissant ses camarades affronter les Troyens sans lui. Ce n'est qu'après la mort de son meilleur ami, Patrocle, qu'Achille sortit de sa torpeur et retourna au combat, assoiffé de vengeance.

Au cours d'une série de batailles épiques, Achille envoya le héros troyen Hector dans l'au-delà et vengea la mort de Patrocle. Comme dans toutes les grandes histoires, la victoire d'Achille fut de courte durée. Le prince troyen Pâris réussit à atteindre le talon vulnérable d'Achille avec une flèche bien ciblée.

L'histoire d'Achille nous rappelle avec force la dualité de la nature humaine, en mettant en lumière à la fois la gloire et la tragédie qui peuvent résulter de nos passions et de nos désirs. Malgré sa fin prématurée, Achille reste une figure emblématique de la mythologie grecque, représentant l'essence même de l'héroïsme et la lutte sans fin entre nos forces et nos faiblesses.

Ulysse

Ulysse, également connu sous le nom d'Odysseus, était un héros grec légendaire connu pour son intelligence et sa ruse. Protagoniste du poème épique d'Homère, L'Odyssée, Ulysse est devenu le symbole de l'aventure et de la persévérance, se distinguant comme l'une des figures les plus emblématiques de l'histoire grecque.

Né du roi Laerte et de la reine Anticlée d'Ithaque, Ulysse était prédestiné à la grandeur. Son éducation et sa formation lui permirent de devenir un guerrier compétent, un orateur éloquent et un stratège rusé. Ces qualités lui furent précieuses lorsqu'il prit part à la guerre de Troie, où il s'illustra non seulement par ses prouesses au combat mais surtout par son ingéniosité, comme en témoigne le fameux stratagème du cheval de Troie.

Après la guerre, le voyage de retour d'Ulysse vers Ithaque se transforma en une odyssée de dix ans, jalonnée de défis extraordinaires. Il dut affronter des dieux courroucés, des créatures mythiques et des enchanteresses aux pouvoirs redoutables. Malgré la perte de son équipage et les nombreux obstacles, l'intelligence et la détermination d'Ulysse le guidèrent à travers ces épreuves.

À son retour à Ithaque, Ulysse trouva son palais assiégé par des prétendants cherchant à épouser Pénélope, sa femme fidèle, et à s'emparer de son trône. Incognito, déguisé en mendiant, Ulysse infiltra son propre palais. Avec astuce et force, il défit les prétendants et reprit sa place légitime, retrouvant enfin sa famille.

L'histoire d'Ulysse est un témoignage puissant de l'ingéniosité humaine, de la persévérance face à l'adversité et de l'esprit d'aventure indomptable. Son périple, riche en enseignements et en rebondissements, continue d'inspirer, rappelant que les voyages les plus ardus peuvent mener à des fins heureuses et triomphantes.

Œdipe

Œdipe, le légendaire héros grec au destin tragique, est la figure centrale de la célèbre pièce de Sophocle, "Œdipe roi". Son histoire est un récit sombre qui met en lumière les thèmes de l'orgueil démesuré, des limites de la compréhension humaine et de l'inéluctabilité du destin.

Né des souverains thébains, le roi Laïus et la reine Jocaste, Œdipe est maudit dès sa naissance. Une prophétie annonçait qu'il tuerait son père et épouserait sa mère, ce qui amena ses parents à prendre des mesures drastiques pour empêcher cette issue. Ils ordonnèrent à un berger d'abandonner le nourrisson sur une montagne pour qu'il y meure, après avoir percé et lié ses pieds.

Toutefois, le berger, pris de pitié pour l'enfant, le confia à un couple royal de Corinthe. Ils élevèrent Œdipe comme leur fils, sans lui révéler ses origines. Plus tard, confronté à la même prophétie, Œdipe quitta Corinthe, croyant éviter ce destin funeste, mais, paradoxalement, il se dirigea vers la réalisation de la prophétie.

En chemin, Œdipe eut une altercation avec un homme à un carrefour, qu'il tua, ignorant qu'il s'agissait de son véritable père, Laïus. Arrivé à Thèbes, confronté au Sphinx, une créature terrifiante, Œdipe résolut son énigme, libérant la ville de son emprise. En remerciement, les Thébains lui offrirent le trône vacant et la main de leur reine veuve, Jocaste, qui était en fait sa mère.

Des années plus tard, confronté à une peste dévastatrice, Œdipe, désormais roi, s'engagea à découvrir la cause de la maladie. Au fil d'une enquête douloureuse, il découvrit la vérité sur son identité et les actes inconsciemment commis. Jocaste, dévastée par la révélation, se suicida, et Œdipe, bouleversé, se creva les yeux.

L'histoire d'Œdipe est un avertissement poignant sur la fatalité, le libre arbitre et les limitations humaines. Elle illustre comment les tentatives d'échapper au destin peuvent parfois conduire directement à sa réalisation et souligne l'impact dévastateur des vérités cachées et des destins entremêlés.

Monstres, hybrides et géants

Dans le monde sauvage et excentrique de la mythologie grecque, il n'y a pas que des dieux, des déesses et des esprits. Non, il existe toute une autre série de personnages qui te feront tomber la mâchoire et libéreront ton imagination. Nous parlons ici des monstres, des hybrides et des géants ! Ces créatures semi-divines sont souvent étroitement liées aux dieux eux-mêmes et jouent un rôle important dans les mythes et légendes que nous chérissons encore aujourd'hui. Alors, attache ta ceinture et prépare-toi pour une chevauchée fantastique dans le royaume étrange et captivant des créatures mythologiques grecques.

Tu découvriras ci-dessous quelques-unes des créatures jouant un rôle crucial dans la mythologie grecque.

Typhée

Typhée, également connu sous le nom de Typhon, était un géant monstrueux qui pouvait faire douter les héros les plus audacieux dans leurs choix de carrière. Avec une envergure qui fait honte aux gros porteurs, Typhée était si colossal que sa tête frôlait pratiquement les étoiles. Mais ne vous laissez pas tromper par ses relations astronomiques - cette créature était une force avec laquelle vous ne voudriez pas vous frotter.

Ce mastodonte effrayant a une histoire d'origine plus dramatique qu'une émission de télé-réalité. Voyez-vous, sa mère, Gaïa, se sentait plutôt en colère après que ses enfants, les Titans, aient été chassés des cieux par Zeus. Comme tout parent surprotecteur, elle a décidé que le meilleur moyen de se venger du Roi des dieux était de donner naissance à l'arme ultime de destruction massive : Typhée.

Lorsque Typhée fait sa grande entrée, sa seule présence fait frémir les dieux et les mortels. Avec sa taille immense, son apparence terrifiante et sa puissance inégalée, Typhée semblait être l'adversaire idéal pour faire goûter à Zeus sa propre médecine. Et pendant un moment, il a semblé que le plan de Gaïa pourrait réussir.

Mais Zeus, qui n'a jamais reculé devant un défi, n'allait pas laisser ce monstre lui voler la vedette. Dans une bataille épique, Zeus et Typhée se sont affrontés, le sort de l'univers en jeu. À la fin, Zeus est sorti vainqueur, en grande partie grâce à ses fidèles éclairs, qu'il a utilisés pour vaincre le redoutable Géant.

Hécatonchires

Dans la mythologie grecque, les Hécatonchires étaient comme les multitâches originaux - et non, nous ne parlons pas de leur capacité à jongler avec des carrières de chanteur, de danseur et d'acteur. Ces triplés monstrueux, nés de Gaïa et d'Ouranos, savaient vraiment comment attirer l'attention - 50 têtes, pour être exact, par frère et sœur - et avec 100 mains chacun.

Malgré leurs nombreuses mains, la vie n'était pas faite que de caresses sur le dos et d'applaudissements pour les Hécatonchires, en particulier pendant le règne des Titans. Par un coup du sort digne d'un feuilleton, ils se sont retrouvés bannis au Tartare, un endroit qui fait ressembler Alcatraz à une station thermale. Là, ils languissaient dans l'obscurité, rêvant du jour où ils se libéreraient.

C'est alors que Zeus, le dieu aux grands gestes et au cœur pour les outsiders, entre en scène. Reconnaissant le potentiel inexploité des Hécatonchires, Zeus les a fait sortir de leur prison du Tartare. Désireux d'exprimer leur gratitude et de rendre la pareille, les Hécatonchires ont juré de prêter main-forte à Zeus (ou deux, ou cent) dans sa lutte pour le pouvoir divin.

La scène était prête pour l'affrontement épique connu sous le nom de Titanomachie, et les Hécatonchires étaient prêts à jouer leur rôle. Prenant les Titans au dépourvu avec une attaque surprise, ils ont tiré le meilleur parti de leurs nombreuses mains, écrasant leurs adversaires et aidant finalement Zeus et les autres Olympiens à remporter la victoire.

Cyclopes

Dans le royaume fantastique de la mythologie grecque, les Cyclopes étaient un trio qui captivait assurément l'attention - et pas seulement en raison de leur taille anormalement grande ou de leur style distinctif. Non, ces trois géants immortels se démarquaient surtout à cause de leur unique et imposant œil situé au milieu de leur front. Fils de Gaïa et d'Ouranos, ces géants au visage singulier étaient vraiment hors du commun.

Cependant, la vie n'a pas toujours été facile pour les Cyclopes. Leurs débuts furent loin d'être une promenade de santé, notamment à cause de leur père, Ouranos. Voyez-vous, il n'appréciait guère leur apparence atypique, et il adopta une approche parentale peu conventionnelle : il les renvoya chez Gaïa dès leur naissance.

Heureusement pour les Cyclopes, les Titans sont finalement intervenus. Ils les ont extirpés des mains de Gaïa et les ont conduits au Tartare, un lieu peu enviable. Là, les Cyclopes ont patienté, espérant avoir une chance de renverser leur destin.

Ce moment tant attendu est arrivé avec la Titanomachie, l'affrontement titanesque entre les Titans et les Olympiens. Zeus, toujours en quête d'alliés de taille, décida de libérer les Cyclopes de leur captivité au Tartare. En remerciement, les Cyclopes fabriquèrent des éclairs impressionnants pour leur libérateur, Zeus.

Armé de ces éclairs puissants, Zeus triompha des Titans, consolidant sa position de roi des dieux. L'histoire des Cyclopes nous enseigne qu'avoir des amis aux talents et à l'apparence peu conventionnels peut s'avérer être un atout décisif. Ainsi, la prochaine fois que vous rencontrez quelqu'un qui sort de l'ordinaire, pensez aux Cyclopes, ces géants Borgnes qui ont changé le cours de la bataille avec un peu d'aide et leurs éclairs.

Sphinx

Le Sphinx, cette mystérieuse créature de la mythologie grecque, a marqué les esprits avec son assemblage unique de parties d'animaux. Imaginez une tête humaine perchée sur un corps de lion, arborant les ailes d'un aigle et une queue ornée d'un serpent. De quoi faire tourner les têtes, n'est-ce pas ?

Mais le Sphinx n'est pas qu'une question d'apparence - cette créature avait aussi un penchant pour les énigmes, capable de laisser même le plus intelligent des érudits complètement perplexe. Et si quelqu'un ne parvenait pas à résoudre ses énigmes ? Eh bien, disons simplement qu'elle avait un goût prononcé pour ceux qui échouaient, les dévorant littéralement sur place.

Dans un conte particulièrement captivant, notre héros Œdipe a réussi l'impensable : il a résolu l'énigme du Sphinx ! Sidérée par la tournure des événements, la Sphinx s'est effondrée et s'est jetée dans l'océan. Certes, cela peut sembler être une réaction dramatique, mais qui peut lui en vouloir ? Personne n'aime perdre, après tout.

Si le Sphinx grec vous est familier, c'est probablement en raison de son homologue dans la mythologie égyptienne. Le Sphinx le plus célèbre est l'impressionnante statue de calcaire de Gizeh, une gigantesque merveille mesurant environ 73 mètres de long et 20 mètres de haut. Fabriquée entre 2558 et 2532 avant notre ère, cette énigme séculaire fascine toujours touristes et érudits, tous désireux de découvrir les secrets de cette créature captivante.

Hydra

Imaginez une créature si terrifiante que même le plus audacieux des héros y réfléchirait à deux fois avant de chercher la bagarre. Laissez-moi vous présenter l'Hydre, un monstrueux serpent d'eau doté non pas d'une, mais de plusieurs têtes. Et comme si cela ne suffisait pas à vous faire dresser les cheveux sur la tête, l'Hydre avait un tour de passe-passe étrange : coupez une de ses têtes, et deux autres poussent à sa place. Voilà un cauchemar sans fin !

Vous pourriez penser que l'Hydre était invincible, et pour la plupart des mortels, cela aurait été vrai. Mais un héros a osé relever le défi : Hercule. Ce demi-dieu légendaire a affronté l'Hydre de Lerne dans l'un de ses célèbres Douze Travaux, une série de tâches épiques destinées à tester sa force et son courage.

Mais Hercule n'était pas seulement un héros musclé ; il avait aussi de l'astuce pour combattre la redoutable Hydre. Grâce à une combinaison de force physique et d'intelligence, il a finalement réussi à vaincre le serpent et à triompher contre toute attente.

Chimère

Accrochez-vous à vos chapeaux, car alors que vous pensiez que les créatures mythiques ne pouvaient pas être plus bizarres, la Chimère vient redéfinir l'étrange. Imaginez un monstre avec le corps et la tête d'un lion, une queue qui se transforme en serpent et, pour faire bonne mesure, une tête de chèvre qui sort de son dos - un mélange vraiment éclectique qui fait ressembler le monstre de Frankenstein à une expérience scientifique ordinaire. Oh, et avons-nous mentionné que cette bête redoutable peut aussi cracher du feu ? Oui, vous devriez peut-être garder une bonne distance avec elle.

Les Grecs de l'Antiquité étaient vraiment les Picasso du monde des créatures mythiques, et la Chimère est un excellent exemple de leur imagination débordante. Ce monstre légendaire n'est pas resté confiné à la Grèce, cependant ; sa réputation décoiffante a voyagé loin, inspirant d'autres cultures à accueillir la Chimère dans leur propre panthéon de créatures effrayantes. Dans le monde d'aujourd'hui, le terme "chimère" a évolué au-delà de ses racines monstrueuses, et il est maintenant utilisé pour décrire tout ce qui est tellement fantastique, glaçant ou carrément bizarre qu'il semble trop irréel pour exister. La Chimère - la preuve vivante que parfois, les choses les plus extraordinaires naissent de l'imagination la plus folle.

Pégase

Imaginez une créature vraiment majestueuse qui se distingue parmi les êtres mythiques de la Grèce antique. C'est un cheval blanc comme neige, si pur et immaculé qu'on ne peut que le qualifier de royal. Mais attendez, il y a plus - ce cheval a des ailes ! C'est vrai, il s'agit de Pégase, l'incroyable cheval volant qui a captivé l'imagination des Grecs, s'élevant dans leurs mythes avec grâce et élégance.

L'origine de Pégase est tout aussi fascinante que son apparence. Lorsque le héros Persée a remporté une grande victoire sur la redoutable Méduse en lui coupant la tête couverte de serpents, une seule goutte de son sang a fait quelque chose de tout à fait inattendu - elle s'est transformée en le premier Pégase. Pégase, qui n'est manifestement pas un cheval ordinaire, a décidé qu'une vie simple sur Terre ne suffirait pas. Alors, d'un coup d'ailes, il s'est envolé directement vers le Mont Olympe, offrant ses services au grand patron lui-même, Zeus. Inutile de dire que le Roi des dieux était plus qu'heureux d'accueillir une créature aussi magnifique au sein de l'équipage divin.

Si Pégase n'est pas un Dieu ou un demi-Dieu, ce n'est pas non plus un monstre ordinaire. En fait, une histoire grecque raconte que Pégase a bravement affronté La Chimère, ce qui prouve que cette merveille ailée a un côté héroïque. S'élevant dans les cieux et capturant le cœur des mortels et des dieux, Pégase montre que lorsqu'il s'agit de créatures mythiques, il suffit parfois d'un peu de bonté, d'une pincée de courage et d'une bonne dose de style.

Sirènes

Les Sirènes peuvent sembler être une charmante bande de filles à première vue, mais ne vous laissez pas tromper par leur apparence enchanteresse - ce sont de grandes manipulatrices. Ces femmes-oiseaux de mer envoûtantes s'installent sur des îles et des affleurements rocheux, utilisant leurs chants irrésistibles pour attirer les marins sans méfiance vers leur perte. Leurs mélodies sont si captivantes que même les marins les plus aguerris ne peuvent s'empêcher de sauter du navire pour tenter de rejoindre la source de ces airs envoûtants. Malheureusement, ces pauvres âmes ne sont jamais revues. Certains Grecs pensaient que les Sirènes les engloutissaient, tandis que d'autres pensaient qu'elles se noyaient tout simplement. Quoi qu'il en soit, écouter le chant d'une sirène était un aller simple pour les Enfers.

Les Sirènes font parler d'elles dans deux célèbres contes grecs : L'Odyssée et Jason et les Argonautes. Dans L'Odyssée, l'ingénieux Ulysse et son équipage passent devant l'île des Sirènes. Pour ne pas succomber à leurs voix séduisantes,

Ulysse ordonne à ses hommes de se boucher les oreilles avec de la cire d'abeille. Mais Ulysse, toujours curieux, ne peut résister à un coup d'œil furtif - ou plutôt à une écoute furtive. Il demande à être attaché au mât du navire afin de pouvoir écouter la chanson sans sauter par-dessus bord. Lorsque l'air des Sirènes le rend fou de désir, son équipage ignore sagement ses demandes de libération et ils passent l'île indemnes.

Dans Jason et les Argonautes, les Sirènes font une nouvelle apparition. Cette fois, au lieu de la cire d'abeille, Jason se dote d'une arme secrète : un musicien qui joue à plein volume pour étouffer la sérénade mortelle des Sirènes. Son plan fonctionne presque, mais les oreilles d'un membre de l'équipage se révèlent trop aiguisées pour son propre bien. Il saute par-dessus bord, attiré par la moindre bribe du chant des Sirènes. Heureusement, Aphrodite intervient et le sauve d'une fin détrempée.

Les Sirènes, avec leurs voix séduisantes et leur charme perfide, servent de mise en garde dans la mythologie grecque. Elles nous rappellent que parfois, même la beauté la plus enchanteresse peut cacher un piège dangereux.

Harpies

Les Harpies, ces créatures mythiques à l'apparence vraiment particulière et captivante, fascinent les gens depuis des lustres. Ces créatures sont souvent représentées comme ayant le corps d'un oiseau, avec une tête et un visage de femme. Leurs pattes sont munies de serres acérées et recourbées, ce qui en fait de redoutables prédatrices dans le monde de la mythologie. Les harpies possèdent également de solides ailes à plumes, qui leur permettent de s'élever dans le ciel avec beaucoup de vitesse et d'agilité.

Ne vous laissez pas tromper par leur visage enchanteur. Bien qu'elles vous attirent par leur beauté envoûtante, les harpies ont une voix stridente terrifiante qui pourrait faire frissonner n'importe qui.

Mais attendez, ce n'est pas tout ! Les harpies ont un truc spécial dans leur aile - elles peuvent invoquer des vents puissants pour les aider à descendre en piqué et à attraper des victimes sans méfiance.

Souvent considérées comme des agents de punition et de vengeance, ces merveilles ailées ont un peu mauvaise réputation. Certaines légendes les décrivent même comme des exécutrices de châtiments divins. Avec leurs ailes féroces, il n'est pas étonnant qu'elles en soient venues à symboliser les forces destructrices de la nature comme les tempêtes et les tourbillons.

Malgré leur nature redoutable et terrifiante, les Harpies ont réussi à capter notre imagination tout au long de l'histoire. Elles sont devenues des sujets populaires dans l'art, la littérature et la mythologie.

Erinyes

Les Erinyes, ou plus communément appelées Les Furies, sont des créatures mythiques qui ont un penchant pour la vengeance et qui ont captivé l'imagination humaine depuis des lustres. Lorsqu'il s'agit de rendre justice à ceux qui ont commis des actes ignobles contre des membres de leur famille, ces sœurs surnaturelles ne plaisantent pas. Elles sont l'incarnation de la justice divine et possèdent des compétences uniques qui leur permettent de faire leur travail avec une efficacité sans faille.

Issues de la mythologie grecque, les Erinyes sont composées de trois sœurs redoutables : Alecto, Megaera et Tisiphone. Elles sont réputées pour leur apparence sombre et inquiétante - pensez à des ailes d'ombre qui sortent de leur dos et à des serpents entrelacés dans leurs cheveux. Cette apparence qui fait froid dans le dos est en fait un panneau « Ne pas déranger » pour tous ceux qui envisagent d'enfreindre les règles et de commettre des actes odieux.

Ces dames ne sont pas des vengeresses ordinaires. Les Erinyes possèdent une force, une agilité et un pouvoir de vol incroyables, qu'elles utilisent pour poursuivre leurs cibles avec une détermination sans faille. Elles ont également le sens de la culpabilité, reniflant littéralement les malfaiteurs et remontant la puanteur jusqu'à sa source. Et lorsqu'elles trouvent leur proie, elles utilisent un mélange de tourments psychologiques et physiques pour pousser le coupable au bord de la folie - s'assurant ainsi qu'il aura ce qu'il mérite.

Mais les Erinyes ne se limitent pas à l'apparence et à la chasse aux bons à rien. Elles ont également un lien profond avec l'au-delà. On dit qu'elles résident dans les profondeurs des Enfers, qu'elles traînent avec Hadès et sa moitié, Perséphone. Leur travail là-bas ? S'assurer que les âmes méchantes reçoivent leur châtiment éternel, un rappel pas si doux que ça que la justice ne s'arrête pas au royaume des mortels.

Les Erinyes ont marqué la culture et la mythologie humaines, et leurs récits décoiffants continuent d'inspirer ceux qui sont attirés par le côté sombre du surnaturel. Bien que leurs méthodes puissent être un peu extrêmes, les Erinyes nous rappellent brutalement que la justice est importante, et que le fait de perturber l'ordre moral peut avoir des conséquences désastreuses.

Centaures

Les Centaures, ces légendaires hybrides mi-humains, mi-chevaux, parcourent la mythologie et l'imagination humaine depuis des lustres. Célèbres pour leur double nature, ils présentent un mélange captivant d'intelligence humaine et d'instinct animal, ce qui fait d'eux de véritables vedettes parmi les créatures mythiques.

Tout droit sortis des pages de la mythologie grecque, les Centaures sont généralement représentés avec le torse d'un humain et le corps d'un cheval. Tu parles du meilleur des deux mondes ! Cette combinaison unique leur donne les avantages de l'intelligence humaine ainsi que la force et la vitesse d'un puissant étalon.

Les Centaures sont des êtres assez énigmatiques. Certains sont connus pour leur sagesse et leurs études, tandis que d'autres sont réputés pour leur comportement de fêtards. Cette dualité fascinante est illustrée par le célèbre centaure Chiron, qui était un enseignant de premier ordre et le mentor de héros grecs tels qu'Achille et Hercule.

Lorsqu'il s'agit de trouver une maison, les Centaures préfèrent le grand air. Ils vivent généralement dans les forêts et les montagnes luxuriantes de Thessalie, en Grèce. Ces hybrides amoureux de la nature sont d'habiles chasseurs, archers et chuchoteurs de chevaux (rien d'étonnant à cela). Leurs talents extraordinaires ont inspiré d'innombrables récits légendaires qui continuent de passionner le public aujourd'hui.

Les centaures n'ont pas seulement fait parler d'eux dans la mythologie ancienne, ils ont aussi laissé leurs empreintes dans diverses formes d'art, dans la littérature et dans la culture pop. Des chefs-d'œuvre de la Renaissance aux romans et films fantastiques modernes, les centaures continuent de galoper dans notre conscience collective, nous rappelant l'équilibre délicat entre notre intellect humain et nos pulsions les plus primitives.

Cerbère

Cerbère, le redoutable mais fabuleux gardien des Enfers, se fraye un chemin à travers la mythologie et l'imagination humaine depuis des lustres. Avec sa présence imposante et sa loyauté inébranlable envers le dieu Hadès, Cerbère est le symbole ultime de la protection et sert de redoutable videur pour tous ceux qui envisagent de s'aventurer sans y être invités.

Tout droit sorti de la mythologie grecque, Cerbère est typiquement représenté comme un chien massif et monstrueux avec plusieurs têtes - généralement trois, mais parfois plus, juste pour donner un peu plus d'ampleur à la terreur. Avec sa queue de serpent et les serpents qui se faufilent dans sa crinière, ce chien de l'enfer est vraiment un spectacle difficile à oublier. Cette apparence unique en son genre fait de Cerbère non seulement le sujet de conversation par excellence, mais lui permet également de garder un œil vigilant (ou plusieurs) sur l'entrée du monde souterrain.

Cerbère a la réputation d'être féroce et farouchement loyal. En tant que gardien dévoué des Enfers, il veille à ce que les âmes des défunts restent à leur place et empêche les vivants de se faufiler sans y être invités. Ce gardien dévoué prend son travail très au sérieux - après tout, on ne voudrait pas se mettre à dos le dieu des morts.

Le territoire de Cerbère, les Enfers, est un endroit sombre et mystérieux où résident les âmes des défunts. Dirigé par Hadès et sa reine Perséphone, le monde souterrain est un royaume plutôt inhospitalier où la présence féroce de Cerbère sert à la fois d'avertissement aux invités indésirables et de source de réconfort pour ceux qui recherchent un peu d'ordre au milieu du chaos.

Cerbère a laissé ses empreintes de pattes sur divers aspects de la culture et de la mythologie humaines, captivant le cœur des amateurs de surnaturel partout dans le monde. De l'art et de la littérature antiques aux films et jeux vidéo modernes, ce légendaire chien de l'Enfer continue de grogner dans notre conscience collective, nous rappelant l'importance de la loyauté et les conséquences du franchissement des limites.

Minotaure

Le Minotaure, créature légendaire à la présence extraordinaire et quelque peu intimidante, a captivé l'imagination d'innombrables personnes au cours des siècles. Cette formidable bête hybride, dotée d'un corps d'homme et d'une tête de taureau, incarne parfaitement l'essence de la force brute et des instincts primaires.

Né de l'union plutôt inhabituelle de la reine Pasiphaé et d'un taureau spectaculaire, l'histoire tragique du Minotaure est aussi fascinante que bizarre. Doté (ou maudit) d'un appétit insatiable pour la chair humaine, cette créature redoutable a finalement été enfermée dans un labyrinthe hallucinant par le roi Minos de Crète. Conçu par l'ingénieux architecte Dédale, ce labyrinthe complexe servait non seulement à cacher le Minotaure au monde, mais aussi à empêcher sa nature monstrueuse de faire des ravages sur les citoyens qui ne se doutaient de rien.

Le Minotaure est réputé pour sa force et sa férocité impressionnantes, qui inspirent la peur (et peut-être une étrange fascination) dans le cœur de ceux qui croisent son chemin. Mélange unique de ruse humaine et de puissance brute d'un taureau, le Minotaure n'est rien de moins qu'une puissance mythologique. Disons simplement que vous ne voudriez pas inviter cette bête à un dîner, à moins que vous ne vouliez être le plat principal !

Le labyrinthe qui abrite le Minotaure symbolise la complexité et le mystère qui entourent cette créature énigmatique. Ses couloirs en forme de labyrinthe et ses passages apparemment sans fin servent de métaphore aux défis que nous devons relever pour comprendre nos propres instincts primaires et les aspects les plus sombres de la nature humaine. Après tout, qui d'entre nous ne s'est jamais perdu dans les méandres de ses propres pensées ?

Le Minotaure a laissé une marque indélébile sur divers aspects de la culture et de la mythologie humaines, servant de source d'inspiration et d'intrigue pour des générations. Avec son apparence inoubliable et sa puissance brute, cette bête légendaire nous rappelle qu'il y a souvent plus en nous que ce que l'on voit - et que parfois, les mystères les plus captivants se trouvent dans les profondeurs de nos propres âmes labyrinthiques.

Méduse

Méduse, ce personnage infâme de la mythologie grecque, occupe une place particulière dans les cauchemars de beaucoup. Le regard de cette Gorgone est percutant - un seul coup d'œil et vous vous retrouvez transformé en une statue permanente. Mais qu'est-ce qui la rend si mémorable ? Plongeons dans les détails de ses traits distinctifs, qui ont captivé l'imagination d'innombrables générations. Tout d'abord, la gloire (ou l'horreur, selon votre point de vue) de Méduse est sa tête de serpents venimeux qui se tortillent. Ces reptiles qui se tortillent et sifflent créent une atmosphère à la fois inquiétante et étrangement envoûtante.

Maintenant, parlons de ces yeux. On dit que les yeux sont les fenêtres de l'âme, mais avec Méduse, un seul regard et vous êtes glacé. Son regard puissant et pétrifiant fait d'elle un personnage redoutable. Même les guerriers les plus habiles ne peuvent résister à l'envie d'être transformés en ornements de jardin s'ils croisent son regard.

Une autre caractéristique de l'apparence de Méduse est ses dents pointues, semblables à des crocs. Ces dents n'ajoutent pas seulement à son visage monstrueux, mais rappellent aussi sa nature de prédatrice. Après tout, c'est une femme avec laquelle vous ne voulez pas vous frotter.

Son teint mérite également d'être mentionné. Méduse arbore une teinte pâle et maladive qui lui donne un air d'ailleurs et de fantôme. Cette pâleur la distingue des simples mortels et renforce son statut d'être surnaturel et monstrueux.

Mais ne vous laissez pas tromper par ses traits terrifiants. On dit aussi que Méduse possède une beauté séduisante, ce qui ne fait qu'ajouter à son côté mystique. Le contraste entre ses aspects qui font dresser les cheveux (ou les serpents) et son charme captivant font d'elle un personnage énigmatique et fascinant de la mythologie grecque. On pourrait dire qu'elle est la femme fatale par excellence - assurez-vous seulement de ne pas la regarder dans les yeux !

CHAPITRE 5
Les Mythes les plus convaincants et les plus fascinants

Hadès et Perséphone : Le mythe des saisons

Sur le vertigineux Mont Olympe, il y avait une divinité jeune et rayonnante. C'était la déesse du Printemps, dont la beauté enchantait les divinités masculines. Elle s'appelait Koré, mais était plus connue sous le nom de Perséphone.

La mère de Perséphone, Déméter, la déesse de l'agriculture, était très protectrice et tenait sa fille à l'écart des intrigues des Olympiens. Elle voulait préserver sa pureté et sa virginité, tout comme l'avaient fait les déesses Athéna, Artémis et Hestia. C'est pourquoi Déméter a fait tout ce qu'elle pouvait pour éloigner Aphrodite et son fils Éros, les divinités de l'amour, de sa fille.

Cependant, ces deux-là n'étaient pas prêts à accepter l'existence d'une autre divinité de l'Olympe immunisée contre leur influence. Ils ont donc conçu un plan pour enflammer le cœur de la jeune Perséphone.

Pendant ce temps, loin de l'Olympe, dans les profondeurs de la terre, vivait un autre Dieu libre de l'influence des divinités de l'amour. C'était Hadès, seigneur des Enfers, qui s'affairait à ses nombreuses tâches sans avoir le temps de se laisser distraire par quoi que ce soit d'autre.

Un jour, un brusque tremblement de terre secoua le royaume d'Hadès, qui remonta à la surface pour voir ce qui se passait. L'Etna était en éruption, signe que Typhon, le monstre emprisonné par Zeus, était particulièrement malheureux. C'est alors qu'il entendit une douce voix provenant d'une forêt voisine. Là, dans les bois, Perséphone chantait, sans se douter qu'elle était observée.

Remarquant l'intérêt d'Hadès pour Perséphone, Aphrodite et Éros décidèrent de saisir l'occasion. Avec l'une de ses flèches d'or, qui insufflent le désir et la passion dans le cœur des hommes et des dieux, Éros frappa le cœur d'Hadès.

Consumé par la passion, Hadès s'approcha de la déesse du printemps qui, surprise, tenta de résister. Mais Hadès, impétueux, saisit la jeune femme et la terre lui ouvrit un passage vers son royaume.

La déesse dans les bras, Hadès était en train de descendre dans son royaume lorsque Déméter s'aperçut de l'absence de sa fille. Elle se mit à chercher Perséphone partout, et après de nombreuses recherches, elle trouva l'une des nymphes qui avait été témoin de l'enlèvement.

Découvrant qu'Hadès avait enlevé Perséphone et l'avait emmenée aux Enfers, Déméter fut saisie de colère. Pour punir Gaïa, la déesse de la Terre qui avait permis à Hadès d'enlever sa fille, elle décida de rendre la terre stérile. Ainsi, la terre devint aride et les récoltes cessèrent.

Zeus, inquiet de la situation, car si Déméter ne remplissait plus ses fonctions, le chaos s'emparerait du monde, essaya de convaincre Déméter de reprendre ses fonctions, mais elle insista pour que le monde reste stérile tant qu'elle n'aurait pas récupéré sa fille. Zeus lui assura que Perséphone serait libérée à moins qu'elle n'ait mangé un fruit du monde souterrain. Zeus demanda donc à Hermès d'emmener Déméter au royaume de Hadès pour récupérer Perséphone.

Mais une fois sur place, Déméter trouva Perséphone en train de manger des graines de grenade offertes par Hadès. Après les avoir mangées, Perséphone devint la Reine des Enfers, liée à ce royaume pour toujours.

Déméter gronda sa fille pour avoir accepté de manger la nourriture offerte par Hadès, mais Perséphone lui répondit qu'Hadès n'était pas si mauvais, qu'il la traitait avec respect et l'aimait sincèrement.

Voyant le désespoir de Déméter, Hadès proposa un marché : Perséphone passerait la moitié de l'année aux Enfers et l'autre moitié à la surface avec sa mère.

Acceptant le marché, Perséphone retourna à la surface avec sa mère, la terre refleurit et les récoltes furent à nouveau abondantes. Cependant, lorsque le moment fut venu pour Perséphone de retourner aux Enfers, Déméter, désespérée, laissa à nouveau la Terre se débrouiller seule, négligeant ses devoirs. C'est ainsi qu'avec les départs et les retours de Perséphone, les saisons furent nées.

Orphée et Eurydice

Le monde grec antique regorgeait de musiciens et de poètes qui chantaient les exploits des dieux et des héros, mais parmi eux brillait un talent inégalé : Orphée. Issu de la Muse Calliope et du dieu Apollon, Orphée avait hérité de sa mère une voix mélodieuse et inégalée, et de son père un don extraordinaire pour la composition musicale.

C'était comme si l'univers lui-même s'était tu pour écouter Orphée jouer de sa lyre, cadeau de son père Apollon. Lorsque les notes flottaient dans l'air, les animaux se calmaient, bercés par le son, et même les plantes semblaient se balancer au rythme de la musique, dans un ballet silencieux. Mais Orphée n'était pas seulement un artiste virtuose : en lui brûlait un courage digne d'un héros. C'est ce courage qui a conduit Orphée à rejoindre l'équipage de Jason dans sa quête audacieuse de la Toison d'Or. Au cours de cette aventure, les Argonautes se sont retrouvés face à la dangereuse mélodie des Sirènes. Mais grâce à la musique d'Orphée, plus douce et plus captivante que n'importe quel chant séducteur, l'équipage a réussi à échapper à leur charme mortel.

À son retour de l'Odyssée, Orphée croisa le regard de la belle Eurydice, et son cœur s'envola. Eurydice, à son tour, devint la plus grande admiratrice des chants d'Orphée, à tel point que le héros se sentit parfois même jaloux de ses propres compositions, qui captivaient si intensément l'attention de sa bien-aimée.

Lors de leur mariage, de sombres présages jetèrent une ombre sur leur bonheur. Malgré cela, le couple décida d'affronter l'avenir avec courage, déterminé à vivre pleinement chaque jour. Mais la tragédie guettait : alors qu'Eurydice se promenait dans les champs, Aristée, un apiculteur, tenta d'abuser d'elle. Dans sa fuite, Eurydice fut mordue par un serpent venimeux caché dans les hautes herbes. Orphée la rejoignit à temps pour la serrer une dernière fois dans ses bras, avant qu'elle ne sombre dans les Enfers.

À partir de ce moment, la lyre d'Orphée n'émettait plus que des cris de désespoir. La douleur de perdre Eurydice était si grande qu'Orphée décida de défier les lois de l'Olympe, en suppliant Zeus de ramener sa bien-aimée à la vie. Zeus, cependant, refusa, mais suggéra à Orphée de se rendre lui-même dans le monde des morts et de parler directement à Hadès, le Seigneur des Enfers.

C'est ainsi qu'Orphée descendit dans le monde des morts, accompagné d'Hermès, le messager des dieux. Grâce à sa musique, il adoucit le cœur de Charon, le batelier, le convainquant de lui faire traverser le fleuve des morts. Il réussit à apaiser Cerbère, le féroce chien à trois têtes qui garde l'entrée du monde souterrain, avec une douce chanson, et se tint finalement devant Hadès et Perséphone.

"Comment oses-tu envahir mes domaines ? Si tu ne donnes pas une bonne raison, tu seras condamné à souffrir dans le Tartare pour l'éternité !" Tonna Hadès. Avec une boule dans la gorge, Orphée répondit : "Je t'implore de me permettre de ramener ma bien-aimée Eurydice dans le monde des vivants".

Alors qu'Orphée chantait sa requête, tout le pays des ombres s'arrêta pour l'écouter. Sisyphe oublia son tourment éternel, les Furies s'arrêtèrent dans leurs tourments, tout le monde fut charmé par Orphée. Même Hadès fut ému par sa musique et décida de lui accorder ce qu'il demandait, à condition qu'Orphée ne se retourne pas vers Eurydice pendant leur voyage de retour, sinon il la perdrait à jamais.

Le couple s'engagea dans le sombre passage qui ramenait au monde des vivants, Orphée en tête et Eurydice derrière lui. Mais, au moment où la lumière du jour commençait à filtrer à l'horizon, Orphée, inquiet et impatient, ne put résister et regarda en arrière. À ce moment-là, Eurydice disparut, aspirée à nouveau dans le Royaume des morts.

Orphée, désespéré, tenta de retourner chez Hadès, mais Hermès l'en empêcha, le forçant à revenir dans le monde des vivants. À partir de ce jour, Orphée vécut dans l'amertume et la solitude, sa musique n'étant qu'une complainte de tristesse. Son histoire connut une fin tragique : il fut attaqué et tué par un groupe de Bacchantes enragées, qui ne toléraient pas son refus de se joindre à leurs rites.

Mais la légende d'Orphée ne s'arrête pas là. Les Muses recueillirent sa divine lyre et sa dépouille, et les transformèrent en constellation, un rappel éternel dans le ciel étoilé. Et, malgré sa triste fin, on dit que l'esprit d'Orphée, une fois dans les Champs-Élyséens, a finalement réussi à embrasser à nouveau sa bien-aimée Eurydice. Ainsi, dans la mort, Orphée et Eurydice trouvèrent le bonheur éternel qui leur avait été refusé dans la vie.

Thésée et le Labyrinthe du Minotaure

À son retour à Athènes, devenu l'héritier du royaume d'Attique, Thésée est confronté à une crise. Des émissaires du Roi Minos de Crète étaient arrivés à Athènes pour collecter le tribut dû au souverain. Athènes avait été soumise par la Crète à la suite d'une guerre déclenchée par le meurtre du fils de Minos lors d'une visite au royaume d'Égée. Selon les termes du traité de paix, Athènes devait envoyer chaque année quatorze jeunes en guise de tribut à la Crète : sept hommes et sept femmes.

Une fois arrivés en Crète, ces jeunes gens ont été jetés dans le terrifiant labyrinthe de Minos, où ils sont devenus la proie du terrible Minotaure, une créature mi-homme, mi-taureau. Les Athéniens ne supportaient plus l'idée de livrer leurs enfants en victimes sacrificielles, mais ils n'avaient aucun moyen de résister.

Cependant, lorsque Thésée a appris la situation, il a décidé d'intervenir. Il se porta volontaire pour être l'un des jeunes gens livrés à la Crète, promettant qu'il mettrait fin à l'humiliation. Il voyagerait avec les autres jeunes gens, mais ils reviendraient tous vivants, ayant vaincu la bête qui se nourrissait du sang de la jeunesse athénienne.

Le roi Égée tenta de dissuader Thésée de cette idée, mais en vain. Regardant son fils se mettre en route, Égée le bénit en lui disant que le bateau qui le transporterait en Crète hisserait des voiles noires, en signe de deuil pour les vies sacrifiées. Mais si Thésée devait revenir sain et sauf, il devrait hisser des voiles blanches. Ainsi, à la vue du navire à l'horizon, le cœur du roi trouverait un réconfort immédiat.

Égée regarda avec angoisse le navire transportant son fils disparaître à l'horizon, sans savoir s'il le reverrait. Une fois arrivés en Crète, les quatorze jeunes ont été présentés au Roi Minos. Mais lors de cette cérémonie, dans la salle du trône, il y avait aussi la belle princesse Ariane, qui eut le coup de foudre pour le beau Thésée.

Pendant la nuit, Ariane se rendit secrètement dans la cellule de Thésée, où il attendait son tour d'être jeté dans le labyrinthe. Elle lui avoua son amour et lui exprima son refus de le laisser se faire tuer par l'horrible créature. Ariane donna à Thésée une épée et une pelote de laine. Thésée comprit que l'épée lui permettrait de vaincre le monstre, mais il ne comprit pas l'utilité de la pelote de laine. Ariane lui expliqua que la pelote de laine lui montrerait le chemin pour sortir du labyrinthe.

Le lendemain, Thésée entra dans le labyrinthe avec les autres jeunes, laissant derrière lui une traînée de fil. Le labyrinthe était sombre et sinistre, l'air était tendu et, par moments, on pouvait entendre les grognements de la créature tapie. Des taches de sang maculaient le sol et les murs du labyrinthe, mais Thésée, courageux et déterminé, était bien décidé à ne pas en rajouter.

Le Minotaure jaillit soudainement, essayant de tuer Thésée. Mais notre héros a habilement évité les coups de la bête, et sa contre-attaque a été dévastatrice. D'un seul coup, Thésée a débarrassé le monde de la présence menaçante du Minotaure. En suivant la piste de fil laissée par Ariane, Thésée et la plupart de ses compagnons ont réussi à s'échapper du labyrinthe.

À l'extérieur, Ariane l'attendait, les yeux brillants de larmes. Ils ont partagé un baiser passionné avant de se rendre au port, où le bateau était prêt à les emmener loin de la Crète. Pendant le voyage, l'amour entre les deux grandit. Mais une nuit, Thésée reçut la visite du dieu Dionysos, qui demanda que leur histoire d'amour prenne fin. Ariane était destinée au Dieu du vin.

Par respect pour les dieux, Thésée a laissé Ariane sur l'île de Naxos. La Princesse, le cœur brisé, a vu l'homme qu'elle aimait s'éloigner. Mais elle ne resterait pas sans défense, car elle était destinée au dieu de l'extase.

Le cœur brisé, Thésée reprit son voyage vers Athènes. Mais dans sa tristesse due à la séparation, il oublia de hisser les voiles blanches, comme il l'avait promis à son père. Égée, voyant le navire revenir avec des voiles noires, se jeta du haut de la falaise dans la mer, accablée de chagrin. Dès lors, ces eaux prirent le nom de Mer Égée.

Ce qui devait être un retour triomphal s'est transformé en un retour mélancolique. Néanmoins, Thésée a été acclamé comme un héros à Athènes. Il avait tué le terrible Minotaure et était désormais le chef d'Athènes. Ses exploits sont inscrits dans les étoiles, ce qui fait de lui l'un des héros les plus célèbres de la mythologie grecque. Son long règne a été plein d'aventures et de malheurs, un véritable héros digne d'être commémoré à jamais.

Le Vol d'Icare

Dans l'ancienne Athènes, ville d'art et de sagesse, résidait Dédale, un architecte et inventeur d'un tel génie que son nom résonnait dans toute la Grèce. Malheureusement, une erreur tragique obligea Dédale à abandonner sa ville natale, laissant derrière lui les beautés qu'il avait créées et cherchant refuge ailleurs.

Dédale trouva asile sur l'île de Crète, gouvernée par le puissant roi Minos, qui accueillit avec enthousiasme l'architecte à sa cour. Dédale travailla pour Minos, construisant des œuvres extraordinaires telles que le somptueux palais de Cnossos.

Pendant cette période, Dédale tomba profondément amoureux d'une esclave égyptienne. De leur union naquit un fils, Icare. Dans les années qui suivirent, Dédale réalisa son œuvre la plus notoire : le Labyrinthe de Minos, une structure aussi vaste que terrifiante, conçue pour emprisonner le Minotaure, le monstre mi-homme, mi-taureau.

Cependant, par un cruel retournement de situation, Dédale et son jeune fils Icare furent emprisonnés dans le labyrinthe même que Dédale avait construit, accusés d'avoir aidé le héros Thésée à vaincre le Minotaure. Dédale savait qu'il était impossible de s'échapper de Crète par terre ou par mer. Pourtant, grâce à son ingéniosité, il conçut un plan audacieux : s'envoler de l'île.

Dans l'obscurité du labyrinthe, Dédale et Icare commencèrent à rassembler des morceaux de bois et des plumes d'oiseaux, et Dédale construisit des ailes, légères mais solides, reliées entre elles par des bandes de cire d'abeille.

Une fois la construction terminée, Dédale fixa les ailes sur le dos de son fils, en l'exhortant à ne pas voler trop près de la mer, car l'humidité pourrait abîmer les ailes, ni trop haut, car le soleil pourrait faire fondre la cire. Il lui demanda de rester toujours près de lui.

Dédale et Icare grimpèrent au sommet de la plus haute tour du labyrinthe et s'élancèrent à l'air libre. En battant des ailes, ils réussirent à s'élever dans le ciel et à laisser l'île de Crète derrière eux.

Toutefois, Icare, extatique, vola les yeux fermés, montant de plus en plus haut, faisant fi des avertissements de son père. Les ailes de cire, chauffées par le soleil, commencèrent à fondre, et Icare commença à tomber.

Dédale, impuissant, ne put que regarder son fils dégringoler vers la mer. Après une recherche effrénée, il trouva le corps sans vie d'Icare sur une plage déserte. Ce jour-là, Dédale comprit le terrible prix de son invention et de son désir de liberté, un prix qu'il devrait payer pour le reste de sa vie.

Atalanta et la course à la mort

Atalante était une petite fille lorsque son père, qui ne désirait que des fils, l'a abandonnée dans une forêt. Cette décision aurait pu la conduire à un destin cruel, mais au lieu de cela, elle fut accueillie et élevée par un ours avec deux oursons. Au cours de son enfance sauvage, Atalante développa un talent naturel pour la chasse.

Son existence dans la forêt fut perturbée lorsqu'elle fut découverte par un groupe de chasseurs. Captivés par ses compétences, ils décidèrent de l'élever et de l'accueillir dans leur meute. Au fil du temps, Atalante devint une chasseuse émérite, rejoignant les chasseurs qui suivaient la déesse Artémis.

Sa vie prit un tournant lorsque son père, rempli de regrets pour ses méfaits, la rechercha et lui demanda son pardon. Atalante accepta et retourna à la cour de son père, où elle devint célèbre pour sa vitesse, supérieure à celle d'un chevreuil. Sa réputation s'accrut encore lorsqu'elle participa à la chasse au sanglier de Calydon, qui se termina tragiquement par la mort du courageux Meleager.

Cependant, une sombre prophétie pesait sur Atalante : si jamais elle se mariait, sa vie serait gâchée. Malgré la prophétie, Atalante, d'une beauté à couper le souffle et fille d'un roi, attira de nombreux prétendants. Pour la protéger du sort prédit, son père mit au point un plan : seul celui qui vaincrait Atalante dans une course aurait le droit de l'épouser. En cas de défaite, le prétendant paierait de sa vie.

Cet avertissement n'a pas découragé de nombreux prétendants, qui ont joué leur vie pour obtenir la main d'Atalante, avant de perdre tragiquement la course. Atalante semblait en sécurité jusqu'à ce qu'apparaisse Hippomène, un jeune homme d'une rapidité extraordinaire. Atalante l'avait déjà rencontré dans le passé et savait qu'il pouvait courir plus vite qu'elle, mais aussi qu'il n'était pas capable de maintenir cette vitesse longtemps.

Pour gagner le cœur d'Atalante, Hippomène demanda l'aide de la déesse de l'amour, Aphrodite. La Déesse lui fournit des pommes d'or et des instructions sur la façon de les utiliser pendant la course. Chaque fois qu'Atalante était sur le point de le dépasser, Hippomène lançait une pomme d'or. Atalante, distraite par la beauté du fruit, ralentissait pour la ramasser, permettant à Hippomène de conserver l'avantage et finalement de gagner.

Le père d'Atalante, heureux que la prophétie ait été évitée, donna sa fille en mariage à Hippomène. Le couple se maria et, en apparence, tout semblait aller pour le mieux. Cependant, dans un acte de gratitude négligé, ils oublièrent de remercier Aphrodite.

La Déesse, agacée par l'ingratitude du couple, décida de les punir. Elle déclencha chez eux une passion incontrôlable, qui culmina lors d'une rencontre amoureuse à l'intérieur du temple dédié à Rhéa, la mère de Zeus. Irritée par ce manque de respect, Rhéa transforma Atalante et Hippomène en lions.

En guise de punition supplémentaire, ils furent condamnés à tirer le char de Rhéa, servant éternellement la mère des dieux de l'Olympe. Ainsi s'achève l'histoire d'Atalante, rappelant à la fois la force de la volonté humaine et la nécessité de respecter les dieux.

La Main de Midas

Dans le lointain royaume de Phrygie, Dionysos, le dieu amateur de vin, s'est retrouvé dans une situation délicate. Il ne parvenait pas à retrouver son fidèle compagnon de beuverie, Silène, qui était aussi son précieux mentor et son père adoptif. Silène était un sage renommé, connu pour donner ses leçons les plus profondes en état d'ébriété, et il avait le don de prophétie.

Un jour, Silène fut découvert évanoui dans une forêt par les paysans locaux, ayant succombé à un excès de boisson. Le reconnaissant, ils le conduisirent au roi Midas, qui l'accueillit chaleureusement dans son palais. Pendant des jours, la cour de Midas célébra l'illustre invité avec des banquets et des boissons.

Lorsque Dionysos découvrit que son vieil ami avait été si généreusement accueilli, il décida de remercier le roi Midas en lui offrant un vœu de son choix. Midas, poussé par l'ambition, exprima immédiatement son souhait : « Je veux que tout ce que je touche se transforme en or. » Dionysos, inquiet du choix précipité du roi, tenta de le faire réfléchir : « Es-tu sûr ? ». Mais Midas répondit avec assurance : « Oui, en effet, je serai l'homme le plus riche qui ait jamais vécu ».

Dionysos exauça le souhait de Midas, mais ressentit un fort regret pour le choix irréfléchi du Roi. Midas, impatient de tester son nouveau pouvoir, ramassa une petite pierre qui se transforma immédiatement en or pur. Plein d'euphorie, Midas toucha plusieurs choses qui se transformèrent toutes en or.

L'euphorie de Midas se transforma vite en terreur lorsqu'il essaya de manger une pomme. Dès que son doigt effleura le fruit, celui-ci se transforma en un solide bloc d'or. Midas tenta une nouvelle approche avec une fourchette, qui se transforma également en or, et le pain qu'il tenta de manger devint lui aussi or, lui cassant une dent.

Midas réalisa que ce qu'il avait pris pour un don divin était en fait une terrible malédiction. Sa fille, voyant son père désespéré, tenta de le réconforter et se transforma en statue d'or au contact de sa main.

Midas, désespéré, se tourna vers Dionysos, le suppliant de révoquer ce pouvoir. Dionysos, ému par le désespoir du roi, lui indiqua comment se libérer de la malédiction : s'immerger dans les eaux du fleuve Pactole et prier pour que le pouvoir de son toucher soit retiré.

Midas suivit ces instructions. Dès qu'il s'immergea dans l'eau, le sable du lit de la rivière se transforma en grains d'or pur et les écailles des poissons brillèrent comme de l'or. Mais lorsqu'il sortit de l'eau, la malédiction fut levée. Tout ce qu'il avait touché redevint normal, y compris sa fille.

Après cette expérience douloureuse, Midas renonça à toute forme de richesse et se retira pour mener une vie simple et humble dans les champs et les forêts, en compagnie du dieu Pan.

Echo et Narcisse

Il était une fois, dans la Grèce luxuriante et verdoyante, une nymphe extraordinairement belle nommée Echo. Echo était connue pour sa vivacité et sa joie de vivre. Elle était toujours prête à jouer dans les prés, à danser parmi les arbres et à accompagner Artémis, la déesse de la chasse, dans ses aventures. Cependant, Echo avait un petit défaut : elle était une grande bavarde et aimait avoir le dernier mot dans toutes les conversations.

Ce petit défaut s'est avéré être sa perte lorsque Zeus, le Seigneur de l'Olympe, a commencé à rendre visite aux nymphes lors de ses voyages sur terre. Un jour, soupçonnant les aventures de son mari, Héra, la femme de Zeus, descendit sur terre pour le chercher. Voyant Héra s'approcher, Echo tenta de la distraire en parlant sans arrêt et en flattant la déesse avec des compliments sur sa beauté. Mais tout cela n'a servi qu'à donner à Zeus le temps de s'échapper.

Héra, cependant, n'était pas une déesse avec laquelle on pouvait jouer. Elle découvrit rapidement la tromperie d'Echo et décida de la punir. Elle lui enleva sa voix, ne lui laissant que la capacité de répéter le dernier mot de ce que les autres disaient. Echo fut forcée d'errer dans les bois, incapable d'exprimer ses pensées et ses émotions.

Un jour, au cours de ses promenades dans les bois, elle croisa le chemin du beau Narcisse. Instantanément, son cœur s'enflamma pour lui, mais elle était condamnée au silence, ne pouvant que répéter les derniers mots qu'elle entendait. Narcisse était un jeune homme d'une beauté extraordinaire, célèbre dans toute la Grèce pour son charme et son mépris de l'affection des autres. Un jour, lors d'une partie de chasse avec ses compagnons, il se perdit au milieu des bois. Alors qu'il cherchait son chemin de retour, il entendit un bruissement provenant d'un buisson et demanda prudemment : « Y a-t-il quelqu'un ? » Et la voix d'Echo lui répondit : « Quelqu'un… quelqu'un… ».

Attiré par le son, Narcisse s'approcha de la nymphe et celle-ci, submergée par la passion, essaya de le toucher. Mais il la repoussa brutalement et lui dit : « Laisse-moi, je ne veux pas de toi. » Pauvre Echo, tout ce qu'elle pouvait dire, c'était : « Je te veux… Je te veux… ». Narcisse, effrayé, s'enfuit, laissant Echo seule avec son cœur brisé.

Alors qu'elle se promenait dans les bois, Echo tomba sur un groupe de nymphes, elles aussi rejetées par Narcisse. Mais contrairement à Echo, elles n'étaient pas prêtes à accepter leur sort. Elles crièrent à Némésis, la déesse de la vengeance, lui demandant de punir Narcisse pour son comportement arrogant. Némésis, écoutant leurs prières, décida de punir Narcisse en lui donnant une dure leçon sur l'amour non partagé.

Au cours d'une de ses promenades, Narcisse s'arrêta à une source pour se désaltérer. Alors qu'il se baissait pour boire, il vit son reflet dans l'eau et fut immédiatement captivé par sa propre beauté. Il essaya de toucher l'image reflétée, mais lorsqu'il le fit, le reflet disparut. Narcisse, obsédé par son image, se lamenta : « Pourquoi me fuis-tu ? Tu me souris, puis tu me méprises ? ».

Echo, qui observait de loin, fut témoin de cette scène poignante. Narcisse, se négligeant désormais, passait ses journées à contempler son reflet dans l'eau, refusant de manger ou de boire. Tellement obsédé par son image, Narcisse finit par tomber dans l'eau en tentant d'atteindre son reflet. Trop faible pour refaire surface, il se noya.

Son esprit fut conduit dans le monde des morts, où il continua à contempler son image dans les eaux de l'Achéron pendant son voyage. À l'endroit où son corps fut enterré, une fleur d'une rare beauté poussa, que les nymphes décidèrent d'appeler "Narcisse".

Echo, quant à elle, submergée par le chagrin, décida de se retirer dans une grotte de montagne, loin du monde qu'elle avait connu. Au fil du temps, elle se confondit avec la montagne. Mais aujourd'hui encore, si tu appelles Echo, tu peux l'entendre répondre, prête à répéter le dernier mot.

Persée et Méduse

Le valeureux Persée entreprit une mission audacieuse : chasser et vaincre la redoutable Gorgone Méduse. Son périple le conduisit dans une aventure à travers les terres illimitées de la Grèce, à la recherche de tout indice pouvant révéler la cachette de Méduse. Malgré ses efforts, ses progrès semblaient lents et infructueux. Mais la Fortune, toujours capricieuse, décida de le favoriser, et les dieux choisirent d'intervenir.

Le messager des dieux, Hermès, apparut à Persée pour lui offrir ses conseils, lui révélant que la force brute et le courage ne suffiraient pas à vaincre la Gorgone. Hermès suggéra à Persée de s'armer d'outils spéciaux. De tels objets étaient sous la garde des Nymphes du Nord, des créatures mystiques dont l'emplacement était un secret connu seulement des Graeae, trois sorcières grises dotées d'un seul œil commun. Grâce à sa connaissance de tous les chemins, Hermès guida Persée jusqu'à la demeure des Graeae.

Avant que Persée ne se mît en route, Hermès lui remit une épée divine, forgée de main de maître dans les forges d'Héphaïstos. Cette arme magnifique, au tranchant perpétuel, jouerait un rôle crucial dans le destin de Persée. Armé de ce cadeau, Persée s'aventura dans le repaire des Graeae. Profitant d'un moment de passage de l'œil unique chez les sorcières, Persée réussit à s'en emparer.

Sans leur œil, les Graeae se retrouvèrent impuissantes et supplièrent Persée de le leur rendre. Le héros, aussi rusé que courageux, proposa un marché : il ne rendrait l'œil que si les sorcières révélaient l'emplacement des Nymphes du Nord. En l'absence d'alternatives, les Graeae acceptèrent, permettant à Persée de poursuivre son voyage.

Les Nymphes du Nord vivaient dans le pays idyllique des Hyperboréens, un endroit où le soleil brillait éternellement. Elles accueillirent Persée avec une générosité réservée aux fils de Zeus et lui offrirent les cadeaux dont il avait besoin : des sandales ailées semblables à celles d'Hermès, le casque sacré d'Hadès qui conférait l'invisibilité, et un sac magique pour contenir son précieux trophée. La déesse Athéna, demi-sœur de Persée, lui fit un cadeau d'une valeur inestimable : son splendide bouclier, l'Égide, qui appartenait autrefois à Zeus. Désormais armé jusqu'aux dents, Persée était prêt pour l'affrontement final avec Méduse.

En atteignant l'antre des Gorgones, Persée fut accueilli par une série de statues de pierre, témoins silencieux du pouvoir mortel du regard de Méduse. Portant le casque d'Hadès, Persée réussit à passer inaperçu des deux autres Gorgones, Sthéno et Euryale, qui gardaient l'entrée.

La présence du héros ne passa pas inaperçue aux yeux de Méduse, mais sans pouvoir voir l'intrus, le monstre resta dans l'expectative. Conscient du danger que représentait le regard de la Gorgone, Persée avança avec une extrême prudence, gardant les yeux fermés et se guidant sur les bruits des serpents sur la

tête de Méduse. Cependant, une erreur fortuite révéla sa position à Méduse, qui lança une flèche sur lui. Grâce à ses prodigieux réflexes, Persée réussit à bloquer le tir avec son bouclier, et dans l'action, une idée brillante lui vint à l'esprit.
En utilisant le reflet du bouclier comme miroir, Persée put observer Méduse sans regarder directement son visage pétrifiant. Cette ruse lui permit de porter un coup mortel à la créature, en la décapitant. Le terrible monstre fut vaincu, et sa tête fut rapidement rangée dans le sac magique.
Du sang versé de la Gorgone naquirent deux nouvelles créatures : le géant Chrysaor et son épée d'or, et le magnifique cheval ailé Pégase, fruit de l'union entre Poséidon et Méduse.
Persée, son trophée en main, s'envola grâce à ses sandales ailées, pointant vers sa patrie. Mais le chemin du retour serait encore semé d'embûches. Cependant, avec du courage dans le cœur et des dons divins à sa disposition, Persée était prêt à affronter tous les vents contraires qu'il pourrait rencontrer.

Bellerophon

Dans l'ancienne ville de Corinthe, les descendants de Sisyphe, homme connu pour avoir trompé les dieux, détenaient le pouvoir. Le Roi Glaucus avait deux fils : Deliades, son préféré, et Bellerophon, si beau que les gens chuchotaient qu'il était un descendant de Poséidon. Cependant, malgré la beauté de Bellerophon, la rivalité entre les deux frères était indéniable. Chaque fois qu'ils s'entraînaient aux arts martiaux, Bellerophon était vaincu.
Mais, tel un grain de sable devenant une perle, Bellerophon progressait, gagnant en force et en agilité. Les affrontements entre les deux devenaient plus violents, la compétition s'aiguisant à chaque nouveau combat. Même si Bellerophon s'améliorait constamment, Deliades conservait un avantage.
Au cœur du combat, Deliades fit preuve d'une arrogance presque insupportable, défiant son frère de commettre des erreurs. Mais Bellerophon, nourri par la frustration, déchaîna sa fureur dans un combat épique. La fatigue oubliée, il réussit à vaincre Deliades. D'un geste rapide, Bellerophon frappa la tête du Prince avec une telle force qu'il tomba au sol.
Paralysé par la vue de son frère inerte, Bellerophon se précipita à son secours. Mais il était trop tard : l'âme du jeune prince se dirigeait déjà vers le royaume d'Hadès.
Le Roi, horrifié par la tragédie, arriva juste à temps pour voir Bellerophon avec son frère dans les bras, en proie au plus profond chagrin. Le cœur du Roi, déjà brisé par la perte de son fils préféré, prit une décision douloureuse. Il bannit Bellerophon de son royaume, lui ordonnant de ne jamais revenir.

Le jeune Prince quitta Corinthe sous le regard réprobateur de ses concitoyens, qui nourrissaient une profonde affection pour feu Deliades. Le poids des remords et de la punition pesait lourdement sur les épaules de Bellerophon alors qu'il franchissait les limites de sa ville natale.

Sans but, Bellerophon erra à travers la Grèce jusqu'à ce qu'il atteigne Tiryns, une ville gouvernée par le roi Proetus. Apprenant que le fils exilé du roi de Corinthe se trouvait sur ses terres, Proetus lui offrit un refuge, respectant l'ancienne loi de l'hospitalité imposée par Zeus. Bellerophon raconta au roi l'histoire tragique de son exil, insistant sur le fait que tout cela n'était qu'un terrible accident. Profondément ému, Proetus lui promit de l'aider.

Le Roi organisa un rituel de purification pour expier les péchés du prince corinthien. Grâce aux sacrifices offerts aux dieux, les péchés de Bellerophon furent effacés. Désormais libéré de ses péchés mais accablé de gratitude, Bellerophon envisagea l'avenir avec un espoir renouvelé.

La reine Antéa de Tiryns ne put cacher son admiration pour le jeune Bellerophon. Sa beauté et sa force, désormais à leur apogée, avaient suscité un désir intense dans le cœur de la Reine. Cependant, Bellerophon ne semblait pas s'en apercevoir. Un jour, invité à une réunion privée avec la Reine, il se trouva confronté à une tentation d'origine féminine.

Antea, exploitant toute sa beauté séductrice, tenta de l'attirer. Mais Bellerophon, fidèle et reconnaissant envers son hôte, ne conçut même pas de commettre une telle trahison et rejeta les avances de la Reine.

Indignée et humiliée, Antea lança de furieuses insultes au prince corinthien, mettant en doute sa virilité. Bellerophon, cependant, l'ignora et s'en alla, la laissant fulminer à genoux. La Reine, cependant, n'était pas disposée à supporter un tel affront et décida de se venger.

Avec de fausses larmes qui coulaient sur son visage, Antea raconta à son mari une fausse tentative de viol de la part de Bellerophon. Le Roi, rempli d'une vague de colère, aurait voulu s'en prendre au jeune homme, mais le devoir sacré d'hospitalité imposé par Zeus l'en empêcha. Malgré cela, Proetus était un homme rusé et conçut un plan pour se débarrasser de l'invité qui, selon lui, avait déshonoré sa maison.

Il demanda au scribe d'écrire une lettre à son beau-père et confia à Bellerophon la tâche de la remettre à Iobates, le roi de Lycie. Bellerophon accepta naïvement la tâche, reconnaissant envers son hôte, ignorant les sinistres intentions qui se cachaient derrière l'apparente demande.

Arrivé à la cour lycienne, Bellerophon fut chaleureusement accueilli par le roi Iobates, qui refusa de lire la lettre avant d'offrir au visiteur un avant-goût de son hospitalité. Au cours d'un grand festin, Iobates présenta au jeune prince sa splendide fille, allumant immédiatement dans l'âme de Bellerophon les flèches d'Éros.

Luttant pour retrouver son calme, Bellerophon remit finalement le message au Roi. Iobates, étonné par le contenu de la lettre, découvrit que l'invité était accusé d'avoir tenté de violer sa propre fille et qu'il méritait un châtiment approprié.

Bien que furieux, Iobates remarqua l'intérêt sincère de Bellerophon pour sa fille. Voyant l'occasion de se débarrasser du jeune Prince, il proposa une mission à Bellerophon : il lui donnerait la main de sa fille si Bellerophon pouvait débarrasser le royaume d'une terrible créature qui semait la destruction.

Iobates décrivit la créature comme un fléau pour son royaume : villages détruits, récoltes brûlées, bétail anéanti. Toute cette dévastation avait été causée par un monstre appelé Chimère, une créature terrifiante descendante de Typhon et d'Echidna, deux des créatures les plus redoutables du monde grec. La Chimère avait une tête de lion, une tête de chèvre et une queue de serpent. Sa force était dévastatrice et son souffle brûlant détruisait tout ce qu'elle touchait.

Bellerophon, le cœur gonflé de courage et d'amour, accepta immédiatement le défi et partit affronter la redoutable créature, inconscient des véritables intentions d'Iobates. Le roi de Lycie, en effet, attendait avec une certaine satisfaction que Bellerophon, l'homme qu'il soupçonnait d'avoir tenté de déshonorer sa fille, s'aventure vers un destin apparemment fatal.

Avant la rencontre avec la créature maléfique, une surprise divine changea le cours des événements. Bellerophon, à un tournant crucial de son destin, croisa le magnifique cheval ailé Pégase. Né de l'union de Méduse et de Poséidon, Pégase apparut soudain devant lui, buvant l'eau d'un ruisseau. Bellerophon comprit que s'il parvenait à dompter cette créature, il disposerait d'une force imparable.

S'approchant furtivement, Bellerophon sauta sur l'animal ailé. Pégase, surpris, réagit frénétiquement et désarçonna l'audacieux jeune homme qui tomba au sol, se cognant la tête contre un rocher. Ainsi, Bellerophon tomba dans un profond sommeil, son esprit vagabondant dans le royaume de Morphée, le dieu des rêves. Dans son sommeil, une vision d'Athéna, la déesse de la sagesse, lui apparut. Elle tenait des rênes en or dans sa main. Avec un doux sourire, elle passa les rênes magiques à Bellerophon, qu'elle appréciait beaucoup, et lui révéla le secret pour apprivoiser Pégase.

Lorsque Bellerophon se réveilla, les rênes divines étaient entre ses mains et Pégase était toujours là, attendant patiemment. Suivant les instructions qu'il avait reçues dans son rêve, le héros s'approcha du majestueux destrier et y déposa délicatement les rênes. Le prince corinthien monta sur le cheval ailé et ensemble, ils se mirent à galoper. L'harmonie entre le cavalier et le cheval était si complète qu'ensemble, ils prirent leur envol, transperçant les nuages comme s'ils ne formaient qu'une seule entité.

De là-haut, Bellerophon aperçut une énorme colonne de fumée, signe indubitable de la présence de la Chimère, la terrible bête qui avait tout détruit sur son passage, réduisant le village à un amas de flammes.

Bellerophon analysa soigneusement sa proie. La bête était plus dangereuse qu'il ne l'imaginait, crachant du feu sur le héros, mais le destrier ailé parvenait à éviter les attaques avec agilité. Volant en cercle autour de la chimère, Bellerophon et Pégase la désorientaient de plus en plus.

Au moment d'attaquer, La Chimère s'élança sur Pégase, mais l'animal répondit par un coup de sabot sur la tête de la bête. Bellerophon, voyant l'occasion, sauta de son cheval et transperça la Chimère de sa lance. La bête fut vaincue. Submergé par une vague de pouvoir, Bellerophon se mit à croire aux rumeurs disant qu'il était le fils de Poséidon.

Bellerophon revint au palais d'Iobates avec la tête de la Chimère en guise de trophée. Le Roi fut impressionné, ne s'attendant pas à ce que le jeune homme réussisse une tâche aussi ardue. Promettant à Bellerophon la main de la princesse seulement après avoir neutralisé deux autres menaces - les Solymi et les Amazones - Iobates ne tint pas parole.

Malgré la déception, le héros accepta ces nouvelles tâches par amour pour la princesse. Il affronta et vainquit les Solymi, des guerriers sauvages fils d'Arès, et même les Amazones n'arrêtèrent pas sa progression. Il retourna en Lycie en emportant avec lui les têtes des maraudeurs qui avaient terrorisé le royaume.

Comprenant enfin que Bellerophon était un homme béni des dieux et qu'il avait été victime de rumeurs infondées, Iobates l'accepta comme gendre et le nomma son héritier. Bellerophon avait obtenu tout ce qu'un homme pouvait désirer : une belle famille, la gouvernance de la Lycie à la place de son beau-père. Mais le désir de gloire le poussa à vouloir plus.

Dans un élan d'orgueil, il enfourcha Pégase et s'envola vers l'Olympe, estimant qu'il méritait une place parmi les dieux. Cette présomption ne passa pas inaperçue. Zeus, le roi des dieux, ébranlé par tant d'audace et d'arrogance, envoya une mouche du coche piquer Pégase. Effrayé, le cheval ailé désarçonna Bellerophon qui dégringola sur la terre.

Certains racontent que Bellerophon connut une fin terrible, d'autres qu'il fut sauvé par Athéna et qu'il passa le reste de sa vie à essayer de retrouver Pégase. Ce qui est certain, en revanche, c'est qu'il ne parvint jamais à retrouver son fidèle destrier. Pégase, en effet, devint immortel par la volonté des dieux et fut placé parmi les étoiles.

La pomme de la discorde

Au cœur d'une campagne verdoyante, un jeune berger nommé Paris s'occupait de son troupeau. Un jour, il remarqua avec surprise qu'un de ses veaux, saisi d'une mystérieuse curiosité, s'aventurait vers une grotte solitaire. Inquiet, Paris décida de le suivre, sans savoir qu'il allait bientôt devenir le protagoniste d'un événement qui changerait le cours de l'histoire.

À l'intérieur de la grotte, il ne trouva pas le veau perdu, mais fut accueilli par un spectacle grandiose : trois femmes d'une beauté si extraordinaire qu'elles semblaient divines. Séduit par leur grâce, Paris reconnut immédiatement qu'il était en présence de Déesses.

Le même jour, loin de là, la Néréide Thétis et le héros Pélée s'unissaient lors d'une fête somptueuse à laquelle toutes les divinités de l'Olympe avaient été conviées. L'ambiance était joyeuse et vibrante, les dieux faisant la fête autour d'un somptueux banquet. Cependant, une ombre s'était abattue sur l'événement : Éris, la déesse de la discorde, n'avait pas été invitée.

Furieuse de cet affront, Éris décida de se venger. Alors qu'Athéna, la déesse de la sagesse, Aphrodite, la déesse de l'amour, et Héra, la reine des dieux, discutaient amicalement à la table du banquet, Éris s'éleva au-dessus d'elles et lança une pomme d'or d'une beauté stupéfiante parmi les trois déesses. Sur la surface brillante du fruit était gravée la phrase « À la plus belle ». C'était le début de la dispute pour la « pomme de la discorde ».

Les trois déesses, chacune convaincue de sa supériorité, commencèrent à se disputer la pomme. Mais Zeus, le roi des dieux, intervint avec un puissant rugissement, mit fin à la dispute et décida de résoudre le dilemme en nommant un juge impartial. Dans un monde peuplé de millions d'hommes, le Destin choisit Paris.

Il n'était pas le plus sage, ni un érudit profond du concept de justice, mais les Moires, les tisseuses du destin, avaient filé ce chemin pour lui. Hermès, le messager des dieux, remit la pomme à Paris en lui expliquant sa mission. Trois Déesses se présentèrent à lui, chacune lui offrant un cadeau en échange de la pomme d'or.

Héra lui promit la richesse et un palais aussi splendide que l'Olympe, tandis qu'Athéna lui offrit la sagesse et la chance de devenir le plus grand général du monde. Enfin, Aphrodite, la déesse de l'amour et de la beauté, lui promit l'amour de la plus belle des mortelles : Hélène de Sparte.

Frappé par la beauté d'Hélène, Paris ne put résister à l'offre d'Aphrodite. Il remit la pomme d'or à la déesse de l'amour, consacrant ainsi sa victoire. Aphrodite se réjouit, mais la graine de l'amertume et du ressentiment avait été plantée dans le cœur d'Athéna et d'Héra.

L'acte de Paris allait déclencher leur vengeance, condamnant le Prince troyen et son peuple à un destin de douleur et de destruction. Mais de cela, le jeune berger ne savait rien. Du moins, pas encore.

Hercule et le Lion de Némée

Hercule, puissant et vaillant, s'était proposé de servir son cousin Eurystée, alors roi de Mycènes. Cependant, Eurystée nourrissait des soupçons à l'égard de son cousin, craignant qu'il n'aspire au trône, compte tenu de sa force extraordinaire. Pour écarter une telle menace, Eurystée décida de mettre Hercule à l'épreuve en lui confiant une tâche apparemment insurmontable : vaincre un lion gigantesque qui semait la terreur dans les forêts d'Argolis.

La bête féroce, issue du redoutable Typhon et de la malicieuse Echidna, s'était permise d'attaquer les troupeaux de la région et, après avoir goûté à la chair humaine, semblait avoir développé une préférence particulière pour celle-ci. Selon la légende, sa peau était résistante à toute arme traditionnelle, rendant la tâche d'Hercule encore plus difficile. Malgré cela, armé de son arc, de ses flèches et de sa massue, Hercule décida de relever le défi.

Hercule passa un certain temps dans les forêts denses de Némée, à la recherche de tout indice qui pourrait le conduire à la tanière du Lion. Finalement, ses efforts furent récompensés lorsqu'il put localiser des traces menant directement à la demeure de la bête. La grotte était un endroit lugubre et sombre, rempli d'ossements d'animaux et de crânes humains, un indice indubitable de la présence du lion.

Le demi-Dieu, courageux et déterminé, pénétra dans la tanière du lion. Malgré la respiration lourde du monstre résonnant dans toute la grotte, Hercule ne fut pas ébranlé. Lorsque le Lion apparut, il poussa un rugissement si puissant qu'il aurait fait trembler le cœur des mortels. Mais Hercule, n'étant pas un homme ordinaire et ayant le sang de Zeus dans ses veines, n'hésita pas.

Hercule tira une flèche sur le lion, mais elle rebondit sur sa peau sans lui faire de dégâts. Le Lion, furieux, s'élança sur Hercule, déclenchant un combat acharné. Malgré les puissants coups infligés avec sa massue, Hercule ne parvint pas à blesser la bête. Se rendant compte de l'inutilité de ses armes, il décida de s'agripper au lion pour un combat au corps à corps.

Dans un affrontement épique, le Lion enfonça ses griffes acérées dans le corps d'Hercule, provoquant une douleur atroce. Cependant, le héros, doté d'une force surhumaine, enroula ses bras autour du cou du lion, serrant de toutes ses forces. Le monstre ne put résister à la poigne d'Hercule et finit par mourir, étouffé par la force du héros.

Avec une grande satisfaction, Hercule utilisa les griffes de la bête pour la dépecer, puis revêtit sa peau en trophée de son triomphe. À son retour à Mycènes, le craintif Eurystée s'enfuit à la vue d'Hercule, redoutant sa colère et se cachant dans une cuve.

C'est ainsi que Hercule accomplit son premier travail, faisant un pas important vers la gloire.

Hercule et l'Hydre invincible de Lerne

Pour son deuxième travail, l'héroïque Hercule reçut du roi Eurysthée l'ordre d'affronter un monstre terrifiant résidant dans la région de Lerne. Cette créature, issue de Typhon et d'Échidna, était l'horrible Hydre. Pour relever ce défi de taille, Hercule n'était pas seul ; à ses côtés se trouvait son fidèle neveu Iolaos, qui était son compagnon depuis leur jeunesse.

Leur périple les conduisit à travers un village dévasté par la créature. Un survivant réussit à leur indiquer la direction du repaire du monstre. L'Hydre avait élu domicile dans les sombres marécages qui entouraient Lerne. Hercule et Iolaos s'aventurèrent donc dans l'air fétide du marais à la recherche de la cachette de la bête.

Cachée dans une grotte, l'Hydre fut attirée hors de l'ombre par une flèche enflammée tirée par le puissant arc d'Hercule. La vue de l'Hydre était effrayante : un monstre à plusieurs têtes, chacune émettant un rugissement qui faisait trembler le sol.

Malgré sa formidable stature, Hercule se montra agile, évitant habilement les attaques de la bête. D'un puissant coup de massue, il écrasa l'une des têtes du monstre, découvrant avec horreur que deux autres avaient immédiatement poussé à sa place.

C'est ainsi que commença une bataille épique, au cours de laquelle Hercule décapita les têtes de l'Hydre avec son épée, pour les voir doubler en nombre. Voyant la futilité de cette tactique, Iolaos cria à Hercule d'arrêter. C'est alors qu'il eut une révélation : tandis qu'Hercule tranchait les têtes, Iolaos cautérisait les plaies avec une torche de feu, empêchant ainsi leur régénération.

Une à une, les têtes de l'Hydre tombèrent. La déesse Héra, ennemie d'Hercule, envoya des crabes géants pour aider l'Hydre, mais ils ne réussirent qu'à distraire brièvement le héros et furent bientôt écrasés sous son pied puissant. Hercule et

Iolaos finirent par vaincre la dernière tête de l'Hydre, et bien que la créature fût encore en vie, elle était maintenant sans défense. Hercule la jeta alors dans une fosse et l'enterra sous une pierre massive.

Le sang de l'Hydre était connu pour sa toxicité mortelle, et exploitant cette connaissance, Hercule trempa ses flèches dans le sang du monstre, acquérant ainsi une arme redoutablement puissante.

Victorieux, Hercule et Iolaos retournèrent à Mycènes. Héra, par dépit, honora les créatures qui s'étaient battues pour elle, en les immortalisant dans le ciel à travers la constellation du Cancer.

Le grand duel entre Hector et Achille

Pendant près d'une décennie, sur le champ de bataille, hommes et dieux attendaient avec impatience l'affrontement des deux plus grands guerriers de la Guerre de Troie. Achille, le champion des Grecs, était consumé par une colère incontrôlable, désireux de venger la mort de son cher ami Patrocle. De l'autre côté, Hector, le plus valeureux des Troyens, se battait pour protéger sa patrie, son peuple et sa famille.

Les yeux d'Achille brûlaient de haine pour son adversaire. Bien qu'invisible aux yeux des humains, Phobos, personification de la peur, était à ses côtés. Le cœur d'Hector était rempli de peur et son instinct de survie le poussait à fuir. Depuis les murs de Troie, le roi Priam, sa femme Hécube et les princes observaient la scène avec anxiété. Hector, poursuivi par Achille, se comportait comme une proie poursuivie par un prédateur vorace.

Hector esquivait les flèches et les javelots lancés par les guerriers qui suivaient Achille. Le fils de Pélée ordonnait à ses hommes de cesser d'attaquer le prince troyen, car il avait l'intention d'envoyer l'esprit d'Hector chez Hadès. À ce moment-là, Zeus décida qu'il était temps de peser le sort d'Hector sur sa balance en or. Le plateau d'Achille s'éleva vers la gloire, tandis que celui d'Hector sombrait vers l'Hadès. Le sort d'Hector avait été décidé par les dieux.

Zeus ordonna à Athéna de descendre sur terre et de veiller à ce que le destin du guerrier, fixé par Les Moires, soit respecté. Athéna chuchotait à l'oreille d'Achille, lui disant de cesser de poursuivre son ennemi et l'encourageait à se battre. Hector entendit alors la voix du Prince Déiphobe et fut soulagé de voir son frère à ses côtés dans l'épreuve.

Le prince troyen trouva enfin le courage d'affronter le champion achéen. Il tenta de parvenir à un accord avec Achille : le corps du guerrier déchu serait rendu à ses camarades pour recevoir les honneurs et les rites funéraires qui lui étaient dus. Mais Achille refusa, affirmant qu'il ne pouvait y avoir d'accord entre lions et hommes et que c'était la volonté des dieux de lui accorder la victoire. Il jetterait le corps du Prince aux chiens.

Les deux plus grands guerriers s'affrontèrent devant les imposantes portes de Troie, tandis que les citoyens observaient, à bout de souffle, du haut des murailles. Cet affrontement aurait pu changer l'issue de la guerre.

Hector lança sa lance sur Achille, mais le fils de Pélée l'esquiva facilement grâce à l'armure divine que lui avait donnée Héphaïstos. Hector demanda à son frère une autre lance, mais Déiphobe était absent : il se rendit compte qu'il avait été piégé par les dieux et qu'Athéna s'était déguisée en son frère pour l'aiguillonner. Bien qu'il sût que les dieux n'étaient pas de son côté cette fois-ci, Hector ne se laissa pas gagner par la peur. Il dégaina son épée et se précipita vers son destin.

Sur les murs, le Roi et la Reine craignaient pour la vie de leur fils bien-aimé et pour le sort de leur royaume, si Hector tombait.

Hector se battit courageusement contre le guerrier le plus puissant du monde. Les deux héros s'élancèrent l'un vers l'autre dans un duel qui ressemblait à un ballet mortel. Quelques instants après le début de l'affrontement, Achille avait déjà compris comment Hector se comportait au combat. Aucun coup de l'ennemi ne pouvait l'atteindre et il n'attendait plus que le prince révèle un point vulnérable pour décider de l'issue du combat.

Hector s'avança contre le fils de Pélée, mais d'un coup parfait, Achille trancha mortellement le cou d'Hector. Le grand duel était terminé.

Des cris de douleur et de désespoir s'élevèrent des murs de la ville et tout le monde pleura la mort du plus noble des Troyens. La princesse Andromaque, épouse d'Hector, s'évanouit en apprenant que son mari est mort et que le petit Astyanax est désormais orphelin.

La lance toujours logée dans son cou, Hector supplia Achille de remettre son corps à ses parents en échange d'une riche rançon en or. Mais l'impitoyable Achille refusa. Le corps d'Hector devait être dévoré par les chiens et les vautours qui rôdaient dans le camp grec.

Dans son dernier souffle, Hector maudit Achille et jura que le dieu Apollon le vengerait. Mais Achille lui répondit qu'il ne craignait pas de rencontrer Thanatos, car il avait déjà accompli son destin en tuant le meilleur des Troyens et son nom resterait dans les mémoires pour les siècles à venir.

L'esprit d'Hector partit pour l'Hadès, mais son corps devait encore subir de nombreuses humiliations. Achille attacha les chevilles du Prince avec une corde et l'attacha à son char. Il traîna ensuite le corps d'Hector autour de la ville de Troie, montrant à chaque habitant que leur champion était mort et que tout espoir pour Troie avait disparu.

Priam, voyant le corps de son fils traîné devant les murs, tenta de se jeter du haut pour mettre fin à ses jours, mais fut retenu par ses fils. Pendant ce temps, Hécube, la Reine, hurlait et se déchirait les cheveux.

Achille traîna le corps d'Hector dans le camp grec et, où qu'il allât, il fut accueilli par des guerriers grecs qui acclamaient sa victoire. Après avoir accompli sa vengeance, Achille était enfin prêt à donner à Patrocle une sépulture digne de ce nom.

Le cheval de Troie

Après une décennie de guerre éreintante, au cœur de la nuit, les sentinelles troyennes observaient une mystérieuse lueur éclairant le ciel au-dessus du camp grec. Des colonnes de fumée s'élevaient, indiquant que quelque chose d'extraordinaire était en train de se produire.

L'aube du jour suivant amène une découverte stupéfiante. Le camp grec avait été abandonné, les guerriers achéens avaient disparu, et au milieu de la désolation, un cheval de bois géant se dressait. Cet équidé monumental, construit avec les navires grecs abandonnés, semblait être un hommage aux dieux.

Dans la confusion, les Troyens trouvèrent un Grec, Sinon, fouetté et attaché à un poteau. L'homme raconta qu'il avait été laissé en sacrifice, un tribut pour apaiser les dieux et assurer aux Grecs un retour sain et sauf chez eux.

Interrogé sur le départ mystérieux des Grecs après un siège de dix ans, Sinon révéla que les Grecs avaient suscité la colère de la déesse Athéna, offensée par le vol du Palladium dans son temple à Troie. Cette insulte avait entraîné une grande peste chez les Achéens, leur faisant comprendre l'impossibilité de conquérir Troie sans l'aide divine. Ils avaient donc décidé de se retirer.

Le cheval géant, disait Sinon, était une offrande à la Déesse. Sa grandeur avait pour but d'empêcher les Troyens de l'introduire dans la ville, car les dieux favoriseraient sûrement celui qui posséderait un tel tribut.

Le roi Priam, ses nobles et ses prêtres furent confrontés à une décision difficile. Certains proposèrent de brûler le cheval, mais cela déclencherait sûrement la colère des dieux. D'autres suggéraient de le laisser là où il était. Cependant, l'idée d'apporter ce tribut aux dieux dans la ville de Troie était trop tentante pour y résister.

Cassandre, la malheureuse et méprisée prophétesse, supplia les Troyens de détruire ce monument maudit, mais ses paroles tombèrent dans l'oreille d'un sourd, comme cela s'était déjà produit des années auparavant lorsqu'elle avait prédit la défaite de Troie.

Ce que les Troyens ignoraient, c'était qu'à l'intérieur du cheval se cachaient les plus valeureux guerriers grecs. Parmi eux se trouvaient Ulysse, Ménélas, Diomède, Pyrrhus et Épéios, l'habile charpentier qui avait construit le gigantesque cheval.

Après un effort monumental, le cheval fut traîné à l'intérieur des murs de la ville. La grande porte fut partiellement démolie pour laisser passer l'énorme structure. Pendant ce temps, cachée dans une crique voisine, la grande armée grecque attendait impatiemment le signal de l'attaque.

Une fois le cheval positionné au centre de la place du Temple, toute la ville éclata en célébrations. Ils portèrent un toast à la victoire sur les Grecs après dix longues années de guerre. La nuit avança et la ville tomba dans un profond silence.

Soudain, une trappe s'ouvrit dans le ventre du cheval de bois. De là, des dizaines de guerriers grecs sortirent, s'infiltrant discrètement dans les rues désertes. Ils prirent le contrôle des portes de la ville, surprenant les sentinelles. Un signal de feu fut lancé, et des milliers de guerriers grecs, menés par Agamemnon, envahirent la ville, déclenchant un bain de sang.

Ni les jeunes ni les femmes ne furent épargnés. La fureur sanguinaire des Achéens semblait inarrêtable. De nombreux Troyens tentèrent de résister, mais le sort de Troie était désormais scellé.

L'assaut final sur le palais royal, mené par le fils d'Achille, marqua la fin de la résistance troyenne. La Guerre de Troie arrivait à sa conclusion tragique.

Talon d'Achille

Alors que l'aube peint le ciel de nuances de rouge et d'or, Achille, l'indomptable guerrier grec, mène l'assaut final contre les solides murs de Troie. La ville, symbole de puissance et de résistance, semble à portée de main, et la victoire n'est plus qu'à un souffle. À l'aide de longues échelles, les audacieux Achéens tentent d'escalader les murs troyens. Les défenseurs, dont le courage est mis à l'épreuve, répondent par une résistance désespérée. C'est Énée, le fier fils d'Aphrodite, qui conduit les Troyens hors des murs. S'ils n'avaient pas réussi à détruire la grande échelle, la ville aurait été irrémédiablement perdue.

Pourtant, Achille, avec sa fureur indomptable, continuait à faire des victimes parmi les Troyens. Voyant la puissance d'Achille, le courage des Défenseurs commençait à vaciller. Réalisant l'imminence de la mort, de nombreux Troyens s'enfuirent, avant d'être transpercés par la lance impitoyable de Pélée entre les mains d'Achille.

À ce moment précis, Apollon, le dieu du Soleil, apparut à Achille. Il lui ordonna de stopper son avancée, car son destin était déjà écrit : il ne devait jamais franchir les murs de Troie. Mais Achille, fier et indomptable, ignora l'avertissement divin. Il osa défier Apollon, menaçant même de le frapper de sa lance.

La présomption d'Achille ne passa pas inaperçue. Apollon guida le prince Pâris pour qu'il tire une flèche contre le puissant guerrier grec. Avec une surprenante habileté au tir à l'arc, et avec l'aide d'Apollon, Pâris lança une flèche qui frappa le talon d'Achille, son seul point faible.

La légende raconte qu'Achille était presque invincible depuis que sa mère, la déesse Thétis, l'avait plongé dans les eaux du Styx alors qu'il était enfant. La seule partie de son corps qui n'avait pas été baignée - et donc la seule vulnérable - était son talon.

Alors que le sang imprégnait la terre sous lui, Achille fut mortellement blessé. Malgré la douleur, le colosse grec se releva avec ses dernières forces et parvint à porter quelques derniers coups dévastateurs. Mais la blessure était trop grave. Dans un bruit de tonnerre qui résonna sur le champ de bataille, Achille tomba. Le plus grand des héros fut vaincu.

Ajax, un autre brave guerrier grec, atteignit le corps d'Achille pour le protéger des Troyens qui tentaient de piller son armure. Pendant qu'Ajax défendait le cadavre du héros, Ulysse s'était mis à l'abri pour permettre à Ajax de hisser le corps d'Achille sur ses épaules et de se diriger vers le camp grec.

Épuisé mais déterminé, Ajax réussit à accomplir sa mission et à ramener le corps de son ami au camp grec. Là, le corps d'Achille reçut les honneurs qui lui étaient dus et les guerriers achéens pleurèrent la mort du plus grand d'entre eux.

Thétis, la mère d'Achille, émergea de la mer pour faire un dernier adieu à son fils. Ses larmes coulèrent sur le corps de son fils sous le regard de tous les spectateurs, émus par cette scène déchirante. Finalement, Achille fut incinéré sur un bûcher funéraire digne d'un roi. Ses ossements furent enterrés à côté des restes de son ami bien-aimé Patrocle. Enfin, les deux amis se retrouveraient dans les champs Élyséens.

Ulysse sur l'île des Cyclopes

Ulysse et ses camarades avaient passé d'innombrables jours en mer, engagés dans leur tentative héroïque de retour à la maison, lorsqu'ils découvrirent enfin une terre à l'horizon. C'était la fameuse île des Cyclopes, des créatures à un seul œil, rejetons de Poséidon, le puissant dieu des mers. Ulysse, poussé par une curiosité naturelle et un indomptable esprit d'aventure, choisit douze de ses hommes les plus courageux pour explorer l'île avec lui.

Face à une gigantesque grotte, d'où provenaient les bêlements agités des moutons, ils décidèrent d'y pénétrer. À l'intérieur, ils comprirent que ce lieu était la demeure d'un des redoutables habitants de l'île. Dans la grotte, il y avait un enclos avec des moutons, des amphores pleines de lait de chèvre et des bols débordant de fromage frais. Ulysse goûta un peu de ce fromage et s'apprêta à le voler, mais il décida d'attendre le retour du propriétaire de la grotte et de négocier avec lui. Mais il allait bientôt regretter cette décision.

L'énorme cyclope apparut devant l'entrée de la grotte, emmenant avec lui une partie de son troupeau qu'il avait mené paître. Ulysse et ses hommes se cachèrent, effrayés, mais leur présence fut révélée lorsque le Cyclope alluma un feu au centre de la grotte. Ulysse s'avança et, avec un courage frisant l'audace, se présenta au monstre, expliquant la raison de sa présence et invoquant l'hospitalité. Le cyclope répondit qu'il s'appelait Polyphème, le plus fier de sa race, et qu'il ne reconnaissait pas les lois des hommes, et qu'il n'avait donc aucune obligation d'hospitalité.

Polyphème, d'un geste effrayant, saisit deux des hommes d'Ulysse par les jambes, les plaqua au sol et les tua sur le coup. Et comme si cela ne suffisait pas, la créature les dévora entièrement. Puis, d'un geste tout aussi terrifiant, il déplaça un énorme rocher et bloqua la sortie de la grotte. Ulysse pensa profiter du sommeil du Cyclope pour le tuer, mais il se rendit vite compte qu'il serait impossible d'enlever le lourd rocher qui bloquait la sortie.

Le lendemain, le géant sortit pour mener ses moutons au pâturage, laissant les marins piégés dans la grotte. Ulysse, saisissant cette opportunité, concocta un plan de vengeance. Il trouva un gros tronc d'arbre et en aiguisa une extrémité. En fin de journée, le cyclope revint et, après être entré, referma la sortie de la grotte avec le bloc de pierre. Ulysse offrit alors à Polyphème une jarre pleine du meilleur vin de ses hommes. Le Cyclope but avec gourmandise le vin offert par Ulysse et apprécia le geste, promettant même qu'Ulysse serait le dernier à être dévoré. Curieux, il demanda le nom d'Ulysse, qui répondit : « Personne ».

Après avoir bu, le puissant Polyphème, ivre, s'endormit. C'était le moment qu'attendait Ulysse. Il prit le tronc d'arbre aiguisé et, avec ses hommes, se précipita sur l'œil unique du Cyclope, le transperçant. Le Cyclope se réveilla en hurlant de douleur. Au son de ses cris, d'autres Cyclopes s'approchèrent de la grotte et demandèrent qui lui avait fait du mal. Polyphème s'écria : "Personne ! Personne ne m'a rendu aveugle !" Comme il n'y avait personne à punir, ils retournèrent chez eux.

Le lendemain, Polyphème laissa paître les moutons, sans imaginer qu'Ulysse avait un autre atout dans sa manche. En s'attachant au ventre des béliers les plus robustes, Ulysse et ses hommes parvinrent à échapper à la surveillance du Cyclope et à s'enfuir de sa grotte. Une fois à l'extérieur, ils coururent jusqu'à leurs bateaux et naviguèrent rapidement.

Ulysse, une fois à bord, ne put se retenir et cria au monstre que sa cécité était une juste punition pour avoir violé les lois de l'hospitalité divine. Polyphème, furieux, arracha un énorme morceau de rocher à une montagne et le lança sur Ulysse. Le rocher tomba près du bateau, le secouant violemment. Les hommes d'Ulysse le supplièrent d'arrêter de provoquer le Cyclope, mais Ulysse n'écouta pas. Il revendiqua fièrement sa victoire, révélant au cyclope son vrai nom, Ulysse, le destructeur de Troie, fils de Laërte, le roi d'Ithaque.

Le cyclope, furieux, lança un autre rocher qui frôla le navire. Ulysse et ses hommes parvinrent à s'échapper, avec le regret d'avoir perdu quelques camarades, mais aussi avec l'excitation d'avoir surmonté une terrible épreuve. Polyphème, cependant, n'abandonna pas si facilement et demanda à son père Poséidon de punir Ulysse en l'empêchant de rentrer chez lui. Son souhait fut exaucé : Ulysse allait errer pendant des années avant de revenir à Ithaque, sans bateau, sans trésors et sans compagnons. Son orgueil lui coûta très cher, car il avait désormais contre lui le puissant dieu des mers, Poséidon.

CHAPITRE 6
Interpréter les mythes à travers les valeurs de la société grecque antique

Dans ce chapitre, nous étudierons comment ces légendes anciennes reflètent les valeurs, les aspirations et les peurs de l'une des civilisations les plus influentes de l'Antiquité. Les mythes ne sont pas seulement des récits fascinants, ils représentent aussi de puissants miroirs de la société qui les a créés. À travers une analyse profonde et réfléchie, nous nous plongerons dans ces histoires, révélant les liens profonds entre le mythe et la réalité, entre l'humain et le divin, entre l'individu et la communauté.

L'interprétation sociale de la cosmogonie
La cosmogonie, cher lecteur, est cette branche de la mythologie concernant la naissance de l'univers et la création du monde. Pense à ce moment magique où tout a commencé, où les premières lumières et couleurs ont jailli dans le vide. Dans les mythes grecs, c'est un moment de conflit et de transformation, une lutte épique pour le pouvoir qui donne finalement naissance au monde tel que nous le connaissons. Imagine maintenant la société grecque antique, avec ses jeux de pouvoir compliqués et ses luttes incessantes pour le contrôle des ressources. Ne vois-tu pas un reflet de cette réalité dans le récit de la cosmogonie ? Les Titans, par exemple, représentent une ancienne génération de pouvoir, symboles d'une époque antérieure. Leur lutte avec les nouveaux dieux, les Olympiens, peut être considérée comme un conflit entre l'ancien et le nouveau, entre ce qui était et ce qui sera. Zeus, le roi des dieux, sort vainqueur de cette bataille. Et son triomphe n'est pas seulement un événement cosmique, il représente aussi l'idéal du dirigeant fort et juste qui gouverne avec sagesse et force. Zeus devient ainsi le symbole de la bonne gouvernance, le modèle à imiter pour les dirigeants humains.

Et enfin, la création de l'homme. Selon le mythe de Prométhée, l'homme a été créé à partir de la boue et a reçu le don du feu, qui symbolise la connaissance et la civilisation. Ce mythe peut être interprété comme une célébration du progrès humain, de l'ingéniosité et de la capacité à surmonter les difficultés. En même temps, le châtiment de Prométhée souligne le danger qu'il y a à défier les dieux, une leçon d'humilité et de respect des limites humaines.

La cosmogonie est donc bien plus qu'un récit sur la création du monde. C'est un reflet des valeurs, des aspirations et des conflits de la société grecque antique. C'est comme si les mythes nous disaient : « Regardez, voilà qui nous sommes, voilà d'où nous venons, et voilà les valeurs auxquelles nous tenons ». C'est un message qui résonne encore aujourd'hui, après des milliers d'années, parce qu'en fin de compte, nous sommes tous, d'une manière ou d'une autre, les enfants de ces mythes.

Héros et demi-dieux : Modèles de vertus et de défauts humains

Les héros et les demi-dieux des mythes grecs sont bien plus que de simples personnages d'histoire ancienne. Ils sont les miroirs des valeurs, des ambitions et des peurs de la société grecque. Dans leurs histoires, se reflètent la lutte pour l'excellence, le désir de gloire, la poursuite de la sagesse, mais aussi la conscience des limites humaines et des dangers de l'orgueil et de l'arrogance. À travers leurs aventures et leurs échecs, les mythes nous enseignent de précieuses leçons sur les défis et les récompenses de la vie humaine.

Les douze travaux d'Hercule : Symbolisme et valeurs sociales

Hercule est peut-être le héros le plus célèbre de la mythologie grecque. Ses douze travaux, des lions indomptables aux hydres monstrueuses, représentent plus que de simples défis physiques. Ce sont des symboles d'endurance, de courage et de lutte permanente entre l'ordre et le chaos. En Hercule, nous voyons l'idéal grec de l'areté, l'excellence en toutes choses, mais nous voyons aussi le tourment d'un homme forcé de servir, de payer la pénalité d'un crime involontaire.

Achille et la gloire immortelle

Te souviens-tu d'Achille, le héros indomptable de la guerre de Troie ? Il est un symbole de gloire et de courage, mais aussi un rappel de la fragilité humaine. Achille choisit une vie brève mais glorieuse plutôt qu'une longue vie anonyme, montrant ainsi l'importance que les Grecs accordaient à la célébrité et à l'honneur. Cependant, sa colère dévastatrice et son intransigeance nous rappellent que même les plus grands héros peuvent tomber à cause de leurs défauts.

Ulysse et la sagesse comme valeur fondamentale

Et puis il y a Ulysse, le héros du long voyage de retour après la guerre de Troie. Plus que tout autre héros, Ulysse symbolise la sagesse, l'ingéniosité et la persévérance. La ruse dont il fait preuve pour surmonter les épreuves, des sirènes à Polyphème, est un exemple de la valorisation par les Grecs de l'intelligence comme vertu fondamentale. Mais Ulysse a ses défauts, notamment l'arrogance et la tentation, qui prolongent son voyage et mettent sa vie et celle de ses compagnons en danger.

Les femmes dans les mythes grecs : Figures de pouvoir et de tragédie

Dans les mythes grecs, les femmes ne sont pas de simples personnages secondaires, mais sont souvent au centre du récit. Grâce à leurs histoires, nous pouvons mieux comprendre les rôles et les valeurs des femmes dans la société grecque antique, ainsi que les conflits et les tensions qui pouvaient en découler. Qu'elles soient des épouses fidèles, des vengeresses féroces ou des déesses séductrices, ces femmes représentent la complexité et la diversité de l'expérience féminine dans une société dominée par les hommes. Leurs histoires nous rappellent que même dans un monde de héros et de dieux, les voix et les expériences des femmes jouent un rôle essentiel.

Pénélope et l'idéal de fidélité

Commençons par Pénélope, l'épouse dévouée d'Ulysse. Alors qu'Ulysse est absent, engagé dans son épopée, Pénélope reste à la maison, résistant à la cour de nombreux prétendants et restant fidèle à son mari absent. Son habileté à tenir les prétendants à distance grâce à la ruse du métier à tisser est un symbole de ruse et de sagesse, des valeurs très estimées dans la société grecque. Pénélope représente l'idéal de la fidélité et de la patience, faisant preuve d'une force qui n'est pas moins héroïque que celle d'Ulysse.

Médée et la vengeance comme réponse à la violation du lien conjugal sacré

Ensuite, il y a Médée, une figure de grand pouvoir et de grande tragédie. Lorsque son mari Jason la trahit, Médée réagit par une terrible vengeance qui inclut le meurtre de ses propres enfants. Le mythe de Médée met en évidence le pouvoir des femmes et la terreur qu'il peut susciter, mais représente également le caractère sacré du mariage et les conséquences de sa violation.

Aphrodite et le rôle de l'amour et de la beauté dans la société grecque

Aphrodite, la déesse de l'amour et de la beauté, est une figure centrale de la mythologie grecque. Sa beauté est si puissante qu'elle provoque des conflits entre les dieux, et son rôle dans les mythes souligne l'importance de l'amour, du désir et de la beauté dans la société grecque. Mais Aphrodite est aussi un personnage complexe, capable de tromperie et de vengeance lorsqu'elle est offensée ou négligée.

Les mythes comme reflet de la structure politique et sociale

En naviguant dans les eaux de la mythologie grecque, nous découvrons comment les mythes peuvent servir de miroir à la structure politique et sociale. Les dieux, les héros, les monstres, tous ont un rôle dans cette grande scène qui reflète la complexité de la société grecque antique.

Les cités-états dans les mythes : Athènes, Sparte, Thèbes

Quand on pense à la Grèce antique, on pense à ses célèbres cités-États, ou poleis : Athènes, Sparte, Thèbes. Chacune de ces villes joue un rôle de premier plan dans les mythes grecs. Athènes, par exemple, est la ville protégée par la déesse Athéna, symbole de sagesse et d'habileté stratégique. Les Mythes athéniens reflètent ces valeurs, montrant comment la sagesse peut triompher de la puissance brute. Sparte, en revanche, est célèbre pour sa militarisation et sa discipline, et ses mythes reflètent souvent ces aspects. Thèbes, connue pour ses histoires tragiques de conflits familiaux, comme celle d'Œdipe, nous rappelle la complexité et la fragilité de la vie humaine.

Les dieux et la dynamique politique : Zeus comme symbole de leadership

Dans la mythologie grecque, Zeus est le Roi des dieux, le chef incontesté de l'Olympe. Mais son leadership n'est pas toujours pacifique, et il doit souvent faire face à des révoltes et à des défis. Ces mythes reflètent la dynamique du pouvoir dans la société grecque, où le leadership était une question d'équilibre entre la force et la sagesse, entre l'autorité et le consensus. Zeus, avec ses triomphes et ses échecs, devient un modèle de leadership, montrant à la fois son potentiel et ses dangers.

Contradictions sociales dans les mythes : Richesse, pauvreté et pouvoir

Les mythes grecs ne cachent pas les contradictions de la société. Des mythes comme ceux de Midas, le roi qui transforme tout ce qu'il touche en or, ou de Narcisse, le beau jeune homme qui tombe amoureux de sa propre image, nous parlent des dangers de la richesse, de la beauté et du pouvoir. Ils nous montrent que l'excès en tout peut mener à la ruine, et que les vraies valeurs, comme la sagesse, l'humilité et l'amour, sont bien plus précieuses.

L'interprétation sociale du conflit et de la coopération dans les mythes

Enfin, les mythes grecs reflètent les dynamiques sociales de conflit et de coopération. Les luttes entre les dieux, entre les héros, entre les cités-états, sont autant de reflets des tensions qui peuvent naître dans une société. En même temps, les mythes parlent aussi d'alliances, d'amitié, d'amour, montrant comment la coopération peut conduire à des résultats que la force seule ne peut atteindre.

Rituels et cérémonies : La religion comme partie intégrante de la vie quotidienne

Les rituels et les cérémonies de la Grèce antique étaient des traditions riches et profondes qui représentaient un aspect fondamental de la vie quotidienne, montrant comment la religion imprégnait tous les aspects de la société grecque. À travers ces pratiques, les Grecs honoraient les dieux, célébraient la vie communautaire, cherchaient des réponses à leurs doutes et affrontaient la réalité de la mort. La religion n'était donc pas seulement une question de croyances, mais un mode de vie qui unissait la société et donnait un sens et un but à la vie individuelle.

Les dieux et le culte quotidien : Une présence constante

Les dieux grecs n'étaient pas seulement des figures mythiques, ils étaient une présence constante dans la vie quotidienne des Grecs. Chaque maison avait son autel domestique, chaque ville ses temples. Les dieux étaient honorés par des prières, des offrandes et des sacrifices quotidiens. Cette pratique quotidienne reflétait le sens du respect et du devoir religieux qui caractérisait la société grecque.

Fêtes et célébrations : Des Jeux olympiques aux Dionysies

Les festivals constituaient un autre moment clé du culte grec. Ces célébrations, souvent liées aux cycles de la nature et aux mythes des dieux, étaient des moments de joie et de partage. Prenons les Jeux Olympiques, les célèbres jeux en l'honneur de Zeus, ou les Dionysies, les fêtes de printemps dédiées au dieu du vin et de la frénésie. Ces célébrations n'étaient pas seulement des occasions de s'amuser, elles permettaient aussi de renforcer les liens communautaires et de se souvenir des valeurs fondamentales et des mythes de la société.

Oracles et prédictions : La recherche de réponses

Les oracles, comme celui de Delphes, étaient un élément important de la religion grecque. Les gens se tournaient vers ces lieux sacrés pour chercher des réponses, des conseils, des prévisions pour l'avenir. Cette pratique montre comment les Grecs cherchaient dans la religion un guide pour les incertitudes et les dilemmes de la vie.

La mort et l'au-delà : Rites funéraires et croyances sur la destinée après la mort

La mort, bien sûr, était un autre aspect important de la vie religieuse. Les rites funéraires grecs étaient riches et variés, témoignant d'un profond respect pour les défunts et d'une inquiétude quant à leur sort dans l'au-delà. Les histoires d'Hadès, le dieu des enfers, et de ses royaumes mystérieux, soulignent la peur mais aussi la curiosité des Grecs face au mystère de la mort.

Mythes et philosophie : L'influence de la pensée mythologique sur les premières formes de la philosophie grecque

La philosophie grecque a non seulement utilisé les mythes, mais a également proposé une nouvelle interprétation des mythes traditionnels. Des philosophes comme Platon et Aristote ont examiné les mythes à la lumière de la raison, en essayant d'en extraire des vérités philosophiques ou éthiques. Ainsi, la philosophie et la mythologie grecques se sont nourries l'une l'autre, créant un seul et riche tissu de pensée et d'imagination.

Le mythe comme forme primitive d'explication du monde

Les Mythes grecs, avec leurs fascinantes histoires de dieux, de héros et de monstres, étaient bien plus que de simples récits fantastiques. Ils permettaient aux Grecs de l'Antiquité d'expliquer le monde qui les entourait, de donner un sens aux phénomènes naturels, d'explorer les liens complexes de la vie humaine et de fournir un cadre moral dans lequel vivre. La foudre n'était pas seulement une décharge électrique, mais un symbole de la puissance de Zeus. L'arrivée du printemps n'était pas seulement un changement de saison, mais une célébration de la renaissance de Perséphone. C'est la beauté du mythe, il combine l'imagination, la nature et la morale en un seul récit captivant.

Les présocratiques et le passage du mythe à la raison

Mais avec l'arrivée des présocratiques, on assiste à un tournant dans la pensée grecque. Des philosophes comme Thalès, Anaximandre et Héraclite commencent à chercher des explications plus rationnelles du monde, fondées sur la logique plutôt que sur le mythe. Mais ils n'ont pas complètement rejeté les mythes. Au contraire, ils ont utilisé la pensée mythologique comme tremplin pour leur nouvelle approche. Par exemple, Anaximandre a parlé de l'Apeiron, un concept qui combinait l'idée mythologique du chaos avec une compréhension rationnelle de l'infini.

Platon et la mythologie : La caverne comme mythe philosophique

Même Platon, l'un des plus grands philosophes de l'Antiquité, a fait un usage intensif des mythes. Mais les mythes de Platon étaient différents : il s'agissait de mythes philosophiques, conçus pour explorer et expliquer des concepts philosophiques. Prenons par exemple le mythe de la caverne, l'une des allégories les plus célèbres de Platon. Cette histoire, qui parle de prisonniers qui ne voient que des ombres sur le mur d'une grotte, est un outil puissant pour explorer des thèmes tels que la réalité, la connaissance et l'illumination philosophique.

CHAPITRE 7
L'impact de la mythologie grecque sur la civilisation moderne

La mythologie grecque dans le monde d'aujourd'hui

La mythologie grecque, avec ses récits épiques et son Panthéon grandiose, continue de faire écho dans nos vies aujourd'hui. Tu as probablement entendu parler de l'Odyssée, des exploits remarquables de héros comme Hercule et des espiègleries divines de dieux comme Zeus. Cependant, tu te demandes peut-être pourquoi ces récits anciens ont encore de l'importance dans notre monde moderne.

Croyez-le ou non, ces récits intrigants des Grecs ont toujours une signification profonde. Commençons par le fait que les Grecs étaient une civilisation profondément perspicace. Ils étaient des explorateurs avides de connaissances, toujours curieux et repoussant constamment les limites de leur compréhension. Leur littérature n'est pas seulement remplie de récits sur les dieux et leurs actes divins. Elle nous offre plutôt une fenêtre fascinante sur la façon dont les Grecs de l'Antiquité percevaient leur monde et leur univers moral.

Savais-tu que le terme "mythe" tire son origine de la langue grecque ancienne ? Il se traduit à peu près par "parole" ou "histoire". Il est intéressant de noter que ce mot n'implique pas quelque chose de faux ou imaginaire. En effet, les Grecs ont élaboré leurs récits en se basant sur les réalités qu'ils avaient observées. Lorsque nous interprétons les mythes sous cet angle, ils deviennent bien plus que des récits passionnants sur des êtres mythiques. Ils deviennent des textes historiques qui attendent que nous dévoilions leurs vérités les plus profondes.

La mythologie grecque est remplie de récits mettant en scène des personnages intelligents qui succombent parfois à des erreurs stupides. De ces histoires, nous pouvons tirer des leçons de vie intemporelles qui sont toujours d'actualité. Elles nous rappellent des vertus telles que la patience, la gentillesse et le pardon.

Ainsi, alors que tu pourrais penser que les mythes grecs ne sont que des histoires anciennes fascinantes, souviens-toi qu'ils sont aussi des miroirs qui reflètent la nature humaine et notre histoire commune. Les Grecs ne se contentaient pas de raconter des histoires ; ils exploraient les complexités de l'existence, une tâche avec laquelle nous continuons à nous débattre, même dans le monde d'aujourd'hui.

L'influence grecque dans la vie quotidienne

La vie quotidienne est riche en traces de la mythologie grecque, parfois dans des endroits où l'on s'y attend le moins. Par exemple, jette un coup d'œil à certaines marques que tu rencontres quotidiennement. La célèbre marque de sport Nike n'a pas surgi de nulle part - elle a été nommée d'après Nike, la déesse grecque de la victoire. Tu seras peut-être également surpris d'apprendre que Midas, l'entreprise d'entretien automobile, s'est inspirée du mythe grec du Roi Midas.

Tu as déjà feuilleté un atlas, parcouru des cartes du monde ? C'est à la mythologie grecque que tu dois ce terme ! Dans ces histoires, Atlas était un puissant Titan chargé par Zeus de porter le poids du ciel pour l'éternité après la défaite des Titans face aux Olympiens. En l'honneur du fardeau de ce titan mythologique, nous avons nommé nos livres de cartes « atlas ».

La mythologie grecque a également fait parler d'elle dans le monde du cinéma. Pense à des films comme Troie, Hercule et Le Choc des Titans. Ces films s'inspirent largement des histoires captivantes racontées par les Grecs. Et n'oublions pas la pléthore de créatures monstrueuses et d'un autre monde issues des mythes grecs qui apparaissent régulièrement dans les films et les livres contemporains.

Tu vois, peu importe le nombre de siècles qui se sont écoulés depuis que les Grecs ont commencé à raconter les histoires de leurs dieux et de leurs héros, leurs récits continuent de nous captiver. Ces récits anciens se sont tissés dans la trame de notre vie quotidienne, ajoutant une pincée de magie mythologique à notre monde moderne.

L'influence du théâtre grec

La tradition du discours public, de l'art oratoire et de la présentation dramatique établie dans la Grèce classique a laissé une empreinte indélébile sur la compréhension que le monde a de la mythologie grecque. Cette culture du spectacle a pris racine dans les célébrations dédiées au dieu Dionysos, une figure intrigante du Panthéon grec. On dit de Dionysos qu'il est « né deux fois », en raison de son histoire de naissance unique impliquant sa mère mortelle Sémélé et Zeus, le roi des dieux. Sa vie colorée, remplie d'aventures, de dangers et même de résurrection, lui a valu l'affection de Zeus et le dédain d'Héra, l'épouse de Zeus.

Dionysos était largement associé à la viticulture, à la fertilité, au vin, à la folie rituelle, au plaisir, aux festivités, aux fêtes et, bien sûr, au théâtre. Ses animaux sacrés sont le léopard, le lynx et le tigre, ainsi que la chèvre au pouvoir érotique, un symbole incarné par les Satyres, des créatures mythiques mi-homme, mi-chèvre. Il était connu comme un dieu voyageur, se déplaçant souvent très loin et acquérant une réputation de "mauvais garçon" de l'Olympe.

De nombreux festivals en l'honneur de Dionysos ont eu lieu dans toute la Grèce antique, tous marqués par de grandes célébrations remplies de nourriture, de boisson, de danse et de gaieté collective. Parmi ces fêtes, la plus importante était la Dionysia urbaine, qui se tenait chaque année à Athènes du 9 au 13 mars. Il s'agissait d'un concours littéraire de premier plan, qui attirait les meilleurs écrivains de l'époque, en particulier les auteurs dramatiques.

Eschyle, un tragédien remarquable qui a vécu entre 525 et 456 avant notre ère, a souvent participé aux Dionysies et en a été le vainqueur. De son œuvre considérable, sept pièces ont survécu jusqu'à aujourd'hui. Il a également révélé les rituels d'initiation des Mystères d'Éleusis à travers ses œuvres, ce qui a déclenché une tentative d'assassinat sur sa personne alors qu'il se produisait sur scène.

Sophocle, un autre tragédien légendaire, a encore révolutionné le théâtre grec en augmentant le nombre d'acteurs dans une pièce, la transformant en une représentation dramatique interactive. Il a écrit plus de 100 pièces, dont sept ont survécu dans leur intégralité. Son œuvre "Électre", qui raconte l'histoire de la fille d'Agamemnon cherchant à se venger de sa mère et de l'amant de sa mère pour le meurtre d'Agamemnon, est l'une de ses tragédies les plus convaincantes.

Euripide, né en 480 avant notre ère, est un autre poète et dramaturge prolifique qui est entré à la cité Dionysia en 455 avant notre ère. Il a écrit environ 90 pièces de théâtre, dont 17 existent encore. Il est connu pour ses personnages féminins complexes tels que Médée, Hécube et Andromaque. Sa pièce "Les Bacchantes" est une exploration profonde du conflit entre la raison et l'irrationalité, centrée sur le retour de Dionysos à Thèbes.

Il est important de noter que les Dionysies exigeaient que chaque écrivain participant présente au moins une pièce satirique ou une comédie substantielle. Aristophane, qui a vécu entre 456 et 380 avant notre ère, était un auteur de comédies magistral, surtout connu pour ses satires sociales et politiques acerbes dans des pièces comme "Les Oiseaux", "Les Nuages" et "Lysistrata". Ces œuvres résonnent encore aujourd'hui, nous rappelant le pouvoir et l'influence intemporels du théâtre grec.

Les origines de la civilisation grecque

Les débuts de la civilisation grecque, qui ont indéniablement marqué l'aube de la première civilisation européenne, restent empreints de mystère. Nichée au cœur de la Méditerranée, l'île fertile de Crète présentait un environnement idéal pour l'essor d'une civilisation précoce. Sa position privilégiée au milieu des routes commerciales et sa protection naturelle contre les invasions grâce à son statut d'île en ont fait un phare pour les premiers colons. Cependant, on ne sait pas exactement à qui l'on doit l'arrivée de la civilisation sur cette île privilégiée. Certaines théories pointent vers des individus originaires d'Asie Mineure, tandis que d'autres l'attribuent aux aventuriers marchands égyptiens, en soulignant leurs compétences avancées en matière de navigation maritime, même aux premiers jours du deuxième millénaire.

La civilisation qui s'est développée en Crète ne ressemblait cependant à aucun des grands empires du Proche-Orient ancien. Contrairement aux États territoriaux d'Égypte, de Babylone et, plus tard, des Hittites, qui reposaient essentiellement sur l'agriculture, la puissance militaire et la centralisation politique, la Crète était un empire commercial. Son pouvoir découlait de sa maîtrise des mers, un concept si unique qu'on l'appelait une "thalassocratie".

La prospérité de la Crète dépendait de la mer Égée qui, au troisième millénaire, est devenue un vaste marché parsemé de villages et de villes le long de la côte anatolienne et des îles voisines. L'Égypte, qui était déjà très civilisée, échangeait ses produits finement ouvragés avec ces colonies côtières, recevant en retour du bois et d'autres matières premières. Ce commerce était facilité par la géographie unique de la mer Égée qui, abondante en îles et îlots, fournissait de nombreux points de navigation et repères aux marins (à cette époque, la navigation se faisait principalement à vue, en se fiant à la mémoire des marins sur les côtes).

L'essor du commerce dans l'est de la Méditerranée s'accompagne d'un accroissement de la fortune de la Crète. L'influence de l'île s'est développée parallèlement à la croissance et à l'enrichissement des Empires du Proche-Orient. De son épanouissement vers 2300 avant J.-C. jusqu'à son déclin vers 1400 avant J.-C., la Crète a servi d'intermédiaire commercial pour ces grands empires, amassant au passage d'immenses richesses. Ainsi, malgré des origines incertaines, l'impact de la première civilisation européenne sur la Crète résonne dans les annales de l'Histoire.

Civilisation crétoise et civilisation minoenne

L'histoire riche et énigmatique de la Crète, qui s'étend sur un millénaire, peut être décomposée en trois phases proéminentes, chacune possédant son caractère unique et ses incidents dramatiques.

La première phase, connue sous le nom de période palatiale (2300-1700 av. J.-C.), a jeté les bases de la civilisation crétoise avec la construction des premiers palais dans les principales villes de l'île. Curieusement, la faible importance militaire de ces structures suggère que les conflits entre les villes étaient probablement rares. C'est au cours de cette période d'essor commercial que la Crète s'est imposée comme une puissance commerciale de premier plan. Cependant, vers 1700 av. J.-C., la civilisation s'est inexplicablement effondrée, les bâtiments étant désertés et tombant en ruine. Les causes potentielles de cette chute soudaine font encore l'objet d'un débat parmi les spécialistes, un important tremblement de terre étant une explication plausible.

Après l'effondrement, la Crète est entrée dans la deuxième phase ou période néopalatiale (1700-1400 av. J.-C.). C'est une période de renaissance, qui commence par la reconstruction des structures ravagées et le rajeunissement du commerce. Au cours de cette période, la civilisation crétoise a atteint un zénith de splendeur, laissant même les cours d'Égypte et de Babylone dans l'admiration. C'est aussi à cette époque que se développe le système d'écriture linéaire A, probablement inspiré des hiéroglyphes égyptiens.

La troisième phase (1400-1200 av. J.-C.) témoigne de la fin brutale de la civilisation crétoise. L'effondrement soudain s'apparente à une secousse de sommeil profond pour la classe dirigeante, suivie d'une invasion par les Mycéniens, une population du Péloponnèse. Une fois de plus, les théories proposées pour expliquer cette chute rapide incluent la possibilité d'un raz-de-marée catastrophique. La Crète n'a jamais retrouvé sa gloire d'antan après être tombée sous la domination des Mycéniens.

Malgré les changements spectaculaires de dirigeants, la vie quotidienne de la population paysanne de Crète n'a guère été perturbée. La structure sociétale est restée intacte ; les paysans vivaient toujours du strict nécessaire et acheminaient tout le reste vers le palais. L'impact de la chute de la civilisation crétoise a été plus profond à l'extérieur ; les Phéniciens ont hérité du rôle de la Crète, devenant la force dominante sur les routes commerciales de la Méditerranée pour les siècles à venir.

Il est surprenant de constater qu'une grande partie de la civilisation crétoise reste inconnue en raison du linéaire A, qui n'a pas encore été déchiffré, et de la disparition de la langue parlée au milieu du premier millénaire. Ce que nous savons provient de sources indirectes telles que l'Égypte et les fresques étonnantes qui continuent d'orner les murs des ruines majestueuses, offrant un aperçu vivant de la grandeur passée.

L'absence de structures défensives indique que la vie en Crète était relativement paisible. Dans la phase néopalatiale, même les éléments défensifs rudimentaires comme les fossés ont disparu, ce qui suggère qu'un seul souverain régnait probablement sur l'ensemble de l'île. Les ruines des bâtiments laissent entrevoir un artisanat vivant et sophistiqué, indiquant un mode de vie luxueux pour la classe dirigeante.

La structure sociale de la Crète reflète le modèle temple-palais, bien connu des sociétés mésopotamiennes anciennes comme les Sumériens et les Égyptiens. Ce modèle consolidait le pouvoir politique, religieux et économique au sein d'un grand palais, où vivaient le Roi, les prêtres, les nobles, les soldats et les artisans. Les paysans, dispersés dans la campagne, dépendaient du palais pour leurs besoins. Les bénéfices du commerce maritime, une caractéristique unique de la civilisation crétoise, étaient probablement gérés par le Palais et utilisés pour développer les routes commerciales ou construire des bâtiments extravagants, ajoutant encore plus d'opulence au paysage de l'île.

Les pratiques religieuses de la Crète antique semblent avoir des racines dans l'ère néolithique, comme en témoignent les divinités anthropomorphes et une tendance au fétichisme. Les gens voyaient la divinité dans la magie des phénomènes naturels tels que la foudre ou les pierres magnétiques et vénéraient les grottes anciennes ou les arbres majestueux comme des espaces sacrés. Ces traditions religieuses, comme le mont Ida - plus tard connu comme la maison d'enfance de Zeus dans la mythologie grecque - ou la déesse mère symbolisant l'amour et la fertilité - plus tard réincarnée en Aphrodite - ont été adoptées par les Grecs au cours des siècles suivants.

La Crète occupe une place unique dans l'Histoire en tant que lieu de naissance de la première civilisation sur le sol européen. Elle a émergé, prospéré et disparu au cours du deuxième millénaire et était remarquablement distincte de ses contemporaines mésopotamiennes et égyptiennes. De plus, la civilisation Crétoise a joué un rôle déterminant dans le lancement de la civilisation du Péloponnèse, où elle a probablement établi des ports de commerce.

Un aspect important de l'influence crétoise a été la transmission de connaissances civiles, techniques et culturelles aux Mycéniens, une population du Péloponnèse qui a ensuite joué un rôle crucial dans l'histoire de la Grèce. Pendant longtemps, les Mycéniens ont été considérés comme une ramification de la civilisation crétoise jusqu'à ce que l'archéologue anglais Michael Ventris déchiffre le linéaire B en 1952, réfutant ainsi cette hypothèse.

Le conte le plus connu qui lie les deux civilisations est celui de Minos, le roi de Cnossos - le cœur de la civilisation crétoise - et du Minotaure. Cette relation entre les Mycéniens et les Crétois s'inversera radicalement vers 1400 avant J.-C. avec la conquête de la Crète par les Mycéniens.

Une grande partie de la civilisation crétoise reste un mystère aujourd'hui, bien que ses réalisations de haut niveau soient évidentes dans les vestiges de ses bâtiments grandioses. Son influence sur l'histoire grecque est sous-estimée, bien que la Crète ait été un phare de la civilisation lorsque la Grèce continentale était encore dans la préhistoire. La civilisation crétoise commerçait avec ces sociétés primitives, partageant probablement une grande partie de leurs connaissances.

S'il est clair que les Crétois n'étaient pas des Grecs, ils ont joué un rôle central dans la civilisation de ce qui deviendra plus tard la Grèce antique. Par conséquent, les Grecs, mais aussi les civilisations occidentales dans leur ensemble, doivent beaucoup aux Crétois.

Les civilisations crétoise et mycénienne étaient si étroitement liées qu'on les appelle parfois collectivement la civilisation créto-mycénienne. Le Péloponnèse est le berceau de la civilisation mycénienne, où les échanges avec la Crète étaient intenses.

Contrairement à la Crète, où le temple-palais et le commerce occupaient une place centrale, la civilisation mycénienne se caractérisait par une société construite autour de l'agriculture et du pastoralisme. Alors que le Palais était le centre de l'organisation politique et militaire des centres mycéniens, une aristocratie agricole a également émergé. Au fil du temps, les différences entre les deux civilisations se sont accentuées.

Les Mycéniens fortifièrent leurs centres et s'organisèrent en petits États militaires autonomes. Vers 1400 avant J.-C., lorsque la civilisation crétoise s'effondra brusquement, les Mycéniens lancèrent une invasion de la Crète, marquant ainsi un tournant dans leur histoire. Bien qu'ils n'aient jamais pu redonner à la Crète sa gloire d'antan, cette conquête représenta une nouvelle phase de l'expansion mycénienne. Elle leur permit d'étendre leur influence aux principales îles de la mer Égée et aux régions de la Grèce centrale, aboutissant à la célèbre destruction de Troie, immortalisée dans l'Iliade.

CONCLUSION

Alors que nous achevons notre voyage dans le monde passionnant de la mythologie grecque, nous espérons que ces récits captivants de dieux, de héros et de créatures fantastiques ne t'ont pas seulement diverti, mais qu'ils t'ont aussi permis de mieux comprendre la culture et la façon de penser des Grecs. En explorant ces mythes, nous avons découvert que malgré le passage des millénaires, leurs thèmes sous-jacents et leurs leçons continuent de résonner dans nos vies modernes.

Nous espérons que les histoires contenues dans ces pages ont enflammé ton imagination et t'ont incité à voir le monde à travers les yeux des Anciens Grecs. Les leçons qu'ils ont transmises sur l'amour, le courage, la sagesse et la condition humaine ont une pertinence intemporelle qui transcende les frontières de l'histoire et de la culture.

Nous souhaitons sincèrement que ton expérience avec ce livre ait été enrichissante et éclairante, te laissant avec une nouvelle appréciation de l'impact de la mythologie grecque sur la pensée et l'art contemporains. Puisses-tu porter l'esprit de ces mythes avec toi alors que tu poursuis ton odyssée personnelle à travers la vie, toujours conscient de la sagesse et de la beauté que l'on peut trouver dans les histoires de nos ancêtres.

Avant de nous séparer, nous tenons à exprimer notre plus profonde gratitude, cher lecteur, pour t'être embarqué avec nous dans cet incroyable voyage. Ta curiosité, ta passion et ton empressement à explorer les royaumes de la mythologie grecque ont été la force motrice de ce livre. Nous sommes véritablement reconnaissants de ta présence et de ton engagement, et ce fut un honneur de partager ces histoires avec toi.

En outre, nous tenons à remercier les innombrables érudits, traducteurs et chercheurs dont les efforts inlassables nous ont permis de profiter et d'apprécier la richesse de la mythologie grecque aujourd'hui. Leur dévouement à la préservation et à la compréhension de ces récits anciens a permis à l'héritage des Anciens Grecs de perdurer et d'inspirer.

Enfin, nous tenons à remercier nos familles, nos amis et nos collègues pour leur soutien et leurs encouragements indéfectibles tout au long de la création de ce livre. Votre foi en notre vision a été déterminante pour donner vie à ces histoires intemporelles pour une nouvelle génération de lecteurs.

Alors que tu refermes ce livre et que tu t'aventures, puissent les mythes et les légendes de la Grèce antique continuer à t'inspirer, à te guider et à t'enthousiasmer dans le voyage de ta propre vie. Adieu, cher lecteur, et que la sagesse des anciens t'accompagne toujours !

Cher lecteur...

Notre aventure littéraire est arrivée à son terme, du moins pour ce livre. La rédaction du manuel que tu tiens entre tes mains a été une merveilleuse occasion de nous remettre en question et d'ouvrir notre cœur. Nous avons mis toute notre passion et notre expérience dans ce domaine sur le papier.

Nous espérons que notre travail t'a à la fois intrigué et informé, et que tu as découvert dans les pages précédentes des idées et des outils précieux pour nourrir ta curiosité et ta passion pour la mythologie grecque, et par conséquent, pour grandir en tant que personne et incarner les valeurs qui te rendent unique et incomparable. Ne précipite pas ton apprentissage ; c'est un voyage qui demande beaucoup de pratique et d'engagement, mais cela ne doit pas t'empêcher d'atteindre tes objectifs.

N'oublie pas que le secret d'une vie passionnante et épanouissante est de profiter du voyage.

Si c'est le cas pour toi et que tu as trouvé ce livre utile d'une manière ou d'une autre, ce serait fantastique si tu pouvais laisser des commentaires sincères sur Amazon pour nous aider à nous développer et à diffuser notre message au plus grand nombre. Nous te souhaitons le meilleur et une bonne vie !

<u>Scanne le code QR ci-dessous pour laisser un avis sur ce livre</u>

Salutations,

Inkwell House Press

SCANNE LE CODE QR ET TÉLÉCHARGE TON BONUS

Printed in Poland
by Amazon Fulfillment
Poland Sp. z o.o., Wrocław
12 December 2023

5d4c4616-ea4e-4eb7-af9c-da052eeb17adR01